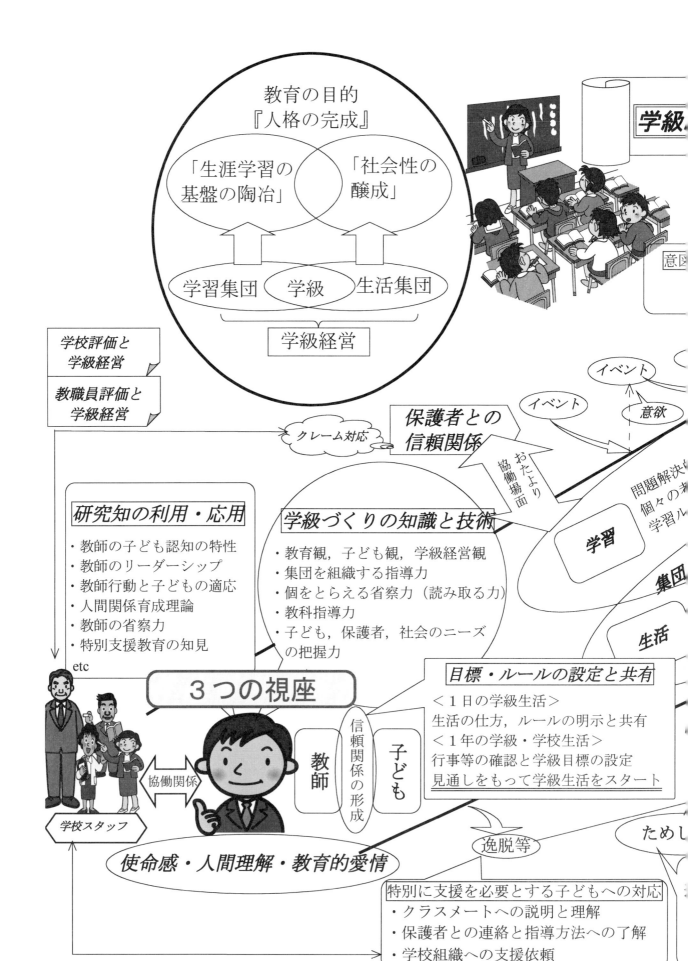

教育の目的
『人格の完成』

「生涯学習の
基盤の陶冶」　　「社会性の
醸成」

学習集団　学級　生活集団

学級経営

学校評価と
学級経営

教職員評価と
学級経営

クレーム対応

保護者との
信頼関係

おたより
協働場面

イベント

イベント

意欲

意図

研究知の利用・応用

・教師の子ども認知の特性
・教師のリーダーシップ
・教師行動と子どもの適応
・人間関係育成理論
・教師の省察力
・特別支援教育の知見
etc

学級づくりの知識と技術

・教育観，子ども観，学級経営観
・集団を組織する指導力
・個をとらえる省察力（読み取る力）
・教科指導力
・子ども，保護者，社会のニーズ
　の把握力

問題解決
個々の
学習ル

学習

集団

生活

３つの視座

協働関係

教師

信頼
関係の
形成

子ども

目標・ルールの設定と共有

＜１日の学級生活＞
生活の仕方，ルールの明示と共有
＜１年の学級・学校生活＞
行事等の確認と学級目標の設定
見通しをもって学級生活をスタート

学校スタッフ

使命感・人間理解・教育的愛情

逸脱等

ためし

特別に支援を必要とする子どもへの対応

・クラスメートへの説明と理解
・保護者との連絡と指導方法への了解
・学校組織への支援依頼

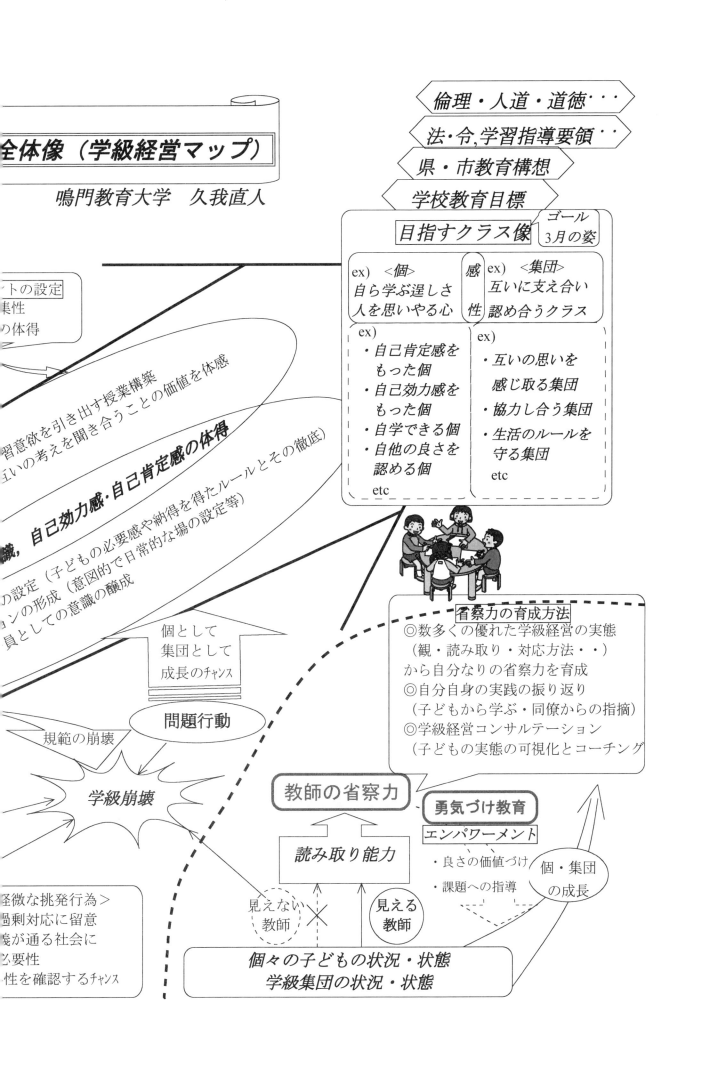

全体像（学級経営マップ）

鳴門教育大学　久我直人

倫理・人道・道徳・・・

法・令,学習指導要領・・

県・市教育構想

学校教育目標

目指すクラス像　ゴール 3月の姿

ex)　<個>
自ら学ぶ逞しさ
人を思いやる心

感
性

ex)　<集団>
互いに支え合い
認め合うクラス

ex)
・自己肯定感を
　もった個
・自己効力感を
　もった個
・自学できる個
・自他の良さを
　認める個
etc

ex)
・互いの思いを
　感じ取る集団
・協力し合う集団
・生活のルールを
　守る集団
etc

ｲﾄの設定
集性
の体得

習意欲を引き出す授業構築
互いの考えを聞き合うことの価値を体感

識, 自己効力感・自己肯定感の体得

の設定（子どもの必要感や納得を得たルールとその徹底）
ンの形成（意図的で日常的な場の設定等）
員としての意識の醸成

個として
集団として
成長のチャンス

問題行動

規範の崩壊

学級崩壊

省察力の育成方法
◎数多くの優れた学級経営の実態
（観・読み取り・対応方法・・）
から自分なりの省察力を育成
◎自分自身の実践の振り返り
（子どもから学ぶ・同僚からの指摘）
◎学級経営コンサルテーション
（子どもの実態の可視化とコーチング

教師の省察力

勇気づけ教育

エンパワーメント

読み取り能力

・良さの価値づけ

・課題への指導

個・集団
の成長

見えない
教師 ×

見える
教師

経微な挑発行為>
過剰対応に留意
義が通る社会に
必要性
性を確認するチャンス

個々の子どもの状況・状態
学級集団の状況・状態

「学級経営力」・「生徒指導力」向上講座

子どもとの信頼を築き，
不登校を生み出さない教師の特徴

潤いのある学級をつくる
教師の省察力と
「勇気づけ教育」

久我直人 著

ふくろう出版

目　　次

Ⅰ．学級経営にかかる問題の整理

１．学校教育の機能と学級経営

（１）学校教育の機能

　学校教育の本来の機能とはどういうものだろうか。

　それは，大きく２つ軸で説明できるだろう。一つは，「学力保障」。もう一つは，「社会性の醸成」である。それぞれの機能は，塾との対比でより明確に説明される。

　塾においては，子どもの人格的な成長は，問題視されない。結果としてどれだけの知識を子どもに定着させたかに特化して指導を展開しているといえる。その知識もゴールが受験突破であるため，進学を目指す学校で問われる入試問題にさらに特化しているといえる。

　一方，学校教育では「学力保障」においては「知識」のみではなく，問題解決能力に代表されるように「課題の発見」から「課題解決の見通しをもつ」こと，そして「解決方法を考えて，追求する」こと，そして結果としての「知識を習得する」ことまでを『学力』とし，とくに義務教育では，生涯学習の基盤を作ることに重点が置かれる。したがって，同じ教科書の内容について塾では１時間で扱うところを，学校教育では何時間もかけて子どもの学びの「過程」を保障しようとしているのである。

　これを教える教師も，ただ知識が豊富というだけではいい授業はできないのである。子どもの視点から教材を解釈し直し，子どもの思考に沿った学習の展開を構想する。そして，数時間の授業構想を立てるのに，目の前の子どもの実態に合わせて構想を練るため，さらに数時間の時間を費やすのである。これが，塾講師と教師の違いであり，教師の専門性の重要な要素といえる。

　また，塾では求めていない「社会性の醸成」も学校教育の重要な機能として位置づく。子どもが人として成長するときに「同輩との葛藤を含めたかかわり」が重要な意味をもつことに異論はないだろう。人間関係調整力や規範意識の基礎が，この学校教育において醸成されることを意図して学級が編制され，集団生活を送っているのである。学校では，このようにして「学力保障」と「社会性の醸成」の両面の機能を併せ持ち，その使命を果たすことを課業として展開しているといえるのである。

（２）子どもにとっての学校，保護者にとっての学校，教師にとっての学級

１）子どもにとっての「学校」

　では，子どもにとっての学校とは，何を意味するのであろうか。

　子どもが，朝「行ってきまーす」といって，学校へ出かける。このときの「学校」

を思い浮かべると，「学校」という建物へ行くという意味にもとれるが，子どもの心の中にあるのは，校門をくぐり，下駄箱で上靴に履き替え，そして向かう最終ゴールは，「教室」だ。そして，一日6～7時間の学校生活の殆どをこの「教室」で過ごし，「学級」の仲間と過ごす。

　つまり，子どもにとっての「学校」は，「学級」といっても過言ではない。だからこの「学級」での生活や学びの善し悪しが，「学校」での生活や学びの善し悪しと言っても過言ではないだろう。

2）保護者にとっての「学校」

　保護者は，「最近の学校は，・・・だ」とか，「学校の先生は，・・・だ」と言うときの「学校」とは，具体的に何を指しているのだろうか。また，「学校の先生」とは，誰のことを指しているのだろうか。

　これは，筆者の経験談だが，教室で相撲をとっていた男の子が投げられて，床に転がされた。その子は，家に帰って悔しくて泣いていたそうである。そして親から学校へ電話があり，担任の私が事情を聞いた。「教室で投げ飛ばされて床で手を強く打った。子どもの安全管理ができていない」というお叱りだった。私は，怪我の様子も含めて心の状態も確かめたかったのですぐにその子の家に向かった。そして，投げ飛ばされて悔しかったその子の心の様子と怪我はなかったことを確かめた後，「教室での相撲」について危険であったことを謝罪した。保護者は，私の即時の対応と子どもの気持ちへの傾聴の様子を見て，「学校」に対する非難の気持ちが信頼の気持ちへと変化していった。そして，私が帰る時には逆に今回の対応に感謝していただいた。「今回のように学校が対応してくれれば安心です」と理解を示してくださった。このときも保護者にとって「学校」は「学級」であり，「学校の先生」は「担任」だった。つまり，学級での営みが，保護者にとってはそのまま学校の評価と直結するということである。

3）教師（担任）にとっての「学級」

　教師（担任）にとっての一番の関心事は何だろうか。そのことがよく分かるのが，放課後の職員室での会話である。よく隣の学級の先生から聞いたのが「学級」の子どもの話である。良きにつけ悪しきにつけ，「○○くんは，・・・。△△さんは～～。」と口をついて話が出てくる。ある教員が「教師は愚痴が多い職業」と言った（私はそうとは思わないが）が，よくとればそれだけ自分が受け持つ学級の子どものことが気に掛かっているのだろう。学級を担任している教師にとって自分の学級の子どものことが，やはり自分の業務の中で一番の関心事だろう。

4）学校教育における「学級経営」の重み

　このように，学級での学びや生活の質の善し悪しが，実は「学校教育」の質の善し悪しと直結しているのである。つまり，「学級経営」の浮沈が「学校への評価」

の浮沈に直結しているということである。「教室」は，「学校教育の中核の場」であり，「学級経営」はその質を左右する重要な意味を持っていることを肝に銘じて教師は子どもと対峙すべきだと考える。

　学級には，２つの側面がある。１つは，授業を展開するときの「学習集団」，もう１つは，休み時間や普段の生活をしているときの「生活集団」である。

　「学力保障」は学級の「学習集団」としての側面において，また，「社会性の醸成」は学級の「生活集団」としての側面において主に展開される。そして，両者は両輪のような関係にあり，「社会性の醸成」を機能的に進める支え合う学級集団においては，「学力保障」も効率的に進み，「学級崩壊」のような状態においては，「負の社会性」が強化され，「学力保障」の面でも効果が期待できなくなるのである。

　個々の子どもの成長を促し，まとまりのある学級集団をつくる教師の「学級経営」は，現在の学校教育の根幹を成す，重みのある課業なのである。

２．学校教育における「正の循環」と「負の連鎖」
（１）学校教育に内在する課題

　学校教育の２つの機能については，上述の通りである。しかし，学校教育において「学力保障」と「社会性の醸成」が本当になされているのだろうか。

　少し，違った視点から学校教育をとらえなおしてみたい。

　過去に秋田県や奈良県で，小学校１年生の子どもが被害者になった殺人事件があった。痛ましい事件の背後に両加害者が子どもの頃に受けた「いじめ」の問題が潜んでいることに気がつく。秋田県での事件の加害者が高校生のときに同級生から受けた仕打ちは，卒業アルバムにその凝集された縮図を見ることができる。「このような仕打ちを３年間受けてきたのか・・・」「では，中学校や小学校の頃はどうだったのだろう？」という疑問と想像が沸き起こる。

　また，かつてモンスターペアレントと言われた保護者たちの多くは，１９８０年代，最も学校が荒れた時代に中学時代を過ごしていた世代であった。当時，全面的ではないだろうが，教師と生徒が対立関係にあった学校が多く存在した。その頃，生徒として蓄積した学校に対する不信がその後，保護者となってよみがえっている側面はないだろうか。

　また，私が受け持つ授業で，院生にこれまでの学校生活の振り返りを促す場面が何度かあった。自身の学校での体験のなかに特筆すべき教育的価値や警鐘が多く含まれているからである。そんなときに，小学校６年間，中学校３年間，高校３年間の計12年間で，「いい思い出がない」「思い出せない」「信頼できる先生と出会わなかった」「小学校４年生のときに，忘れ物をしたときの担任の指導以来，先生のことを信用しなくなった」等の答えが複数の学卒院生から返ってきた。現職経験を持

つ院生と顔を見合わせて，お互い愕然とした。

　また，これは，ある院生が小学校2年生の学級へ教育実習にいったときの出来事であるが，家庭的に恵まれず，親に持ち物の面倒も見てもらえない子が，忘れ物（赤白帽）のことで担任から厳しく指導されている様子を見た。ろうかに出されたその子に，この院生が声をかけようとすると，ぷいっと振り向いて走って逃げていったというのである。その院生はその子を追いかけながら「こんな風に子どもは先生のことを嫌いになっていくんだな，と思った」とそのときの様子を語った。子どもの中には家庭的な問題を背負っている子も少なくない。2年生の子どもにとって体操着等の持ち物の多くは，母親が準備をし，子どもに持たせている面がある。子どもの忘れ物は，もちろん本人の責任も問われなければならないが，その子の家庭的な背景を読み取った教師の柔軟な対応が返ってその子の人間性や社会性の醸成につながることがあることを教師は知らなければならない。こんなに豊かな時代になっても，朝ごはんを食べて来られない子もいるのである。そんな子におむすびをもって行けるような懐の深い教師の子どもの読み取りと対応があってもいいのではないかと考える。いや，そうできることに教師のプロとしての対応があるのではないだろうか。

　上述のような事件等と院生の学校生活の振り返り等を結びつけて考えると教室で起こっている「負の連鎖」を感じずにはいられない。そもそも醸成すべき「社会性」が培われていないばかりか「負の社会化」が促されていることがあるのではないかという疑問を感じずにはいられないのである。小学校1年生を殺害した両加害者が，家庭的な問題はともかく，教室という場で教師や友達から支えられ，認められ友好的な人間関係のなかで学校生活を送っていたらこの事件は起こらなかったのではないか，という仮説である。この仮説はさらに重い次の仮説へつながる。それは，昨今の社会問題の根底に学校教育の果たされなかった機能があるのではないか，つまり，多くの犯罪の根底にある人間不信や社会不信という「負の社会化」が学校教育でなされてしまっている側面があるのではないか，という仮説である。

　これはある院生の中学生のときの事例である。「AさんからHさんまでの8人の不良といわれた生徒がいた。それぞれ問題を起こすのであるが，心根はいい子たちであった」，というのである。「教師はこの子たちの服装や髪型を注意するばかりで，この子たちの内面的なよさを見ようとする教師はいなかった」，というのである。「この生徒たちのよさを認めてくれる教師がいたら，この子たちも変わっていた」と考え，「家庭的に問題を抱えた子も多く含まれていて，救われないことが多いこの生徒たちを教育の力で救えられなかったものか」，というのがこの院生の事例提示の主旨であった。結局，教師集団は，この生徒たちを「諸悪の根源」という目で見，生徒たちも教師のことを「自分たちの敵」という見方をして3年間を過ごした

のである。学校がもつ塾にはない「社会性の醸成」機能とは一体どのような機能なのだろうか。このような学校生活を積み重ねた生徒たちの社会や大人への信頼はどのようなものであっただろうか。特に家庭にも居場所がない恵まれない子にとって，学校からも見捨てられたその厳しさは想像を超えるものであろう。最も感受性が強く，社会性が芽生えるときに，「義務教育9年間，高校3年間，計12年間，信頼できる先生と出会えませんでした」というのは，不幸なこととしかいいようがない。

　非常に重く厳しいことであるが「世の中で起こっている犯罪のうちのいくつかは，学校教育の『負の社会化』にその起源をもつものがあるのではないか」ということである。犯罪に及ばないまでも『負の社会化』を自分の中に蓄積して学校生活を送った子達が少なからず存在するのではないか，ということである。

　我々が認識しなければならない最も大切なことは，この「負の連鎖」のなかでは，誰も幸せになれないということである。そして，この「負の連鎖」は，そのときだけに留まらず，時間を超えてその後のその子の「負」の生き方に続いていく可能性が高いということである。

　それともう一つ，学校教育における「負の連鎖」を止めることができるのは誰かとうことである。「負の社会化」の象徴である「いじめ」に気がつき，止めなければならない主体者は誰か。不安定な社会であるが，少なくとも「学校」という敷地のなかだけでも「正義」や「道徳的価値」が通る社会にする主体者は誰かと考える。この主体者が学校教育の「負の連鎖」を「正の循環」に代える可能性を握る存在なのである。

（2）「負の連鎖」のメカニズム

　では，どのように「負の連鎖」は発生し，「負の社会化」を促すことになるのだろうか。学級という集団がもつ特性から解釈を進めていきたい。

　学級集団を読み解くとき，2つの視点で解釈を進めることができる（裏表紙見返し図；「学校教育の正の循環と負の連鎖」）。それは，学級集団の「規範意識」と「人間関係」である。「規範意識」は，学級内で根付くルールへの意識であり，「人間関係」は，個々の子ども同士の「関係性」の状態である。

　学級集団のそれぞれの状態を読み解く視点として，次のようなことがあげられる。例えば，「人間関係」においては「強い者のわがままが通されていないか」「弱い者が不当な扱いを受けていないか」という視点である。そのようなことからいじめや排他的な行為が増長され，「人間関係の歪み」が深刻化していくのである。特に，学級集団の「人間関係」の状態を読み解くときのメルクマール（指標となる存在）として「集団になじみにくい子」や「特別な支援を必要とする子」等，各学級に何名か存在する「教師の特別な配慮を必要とする子」があげられる。この子たちが，

よさを認められ，支え合いのなかで生活していれば，この子たちにとっても周りの子どもたちにとっても居心地がよく，しかも社会性が醸成され，「正の循環」の学級経営がなされていると解釈できる。逆に，不当な扱いを受けているようであれば危険信号ということである。

　また，一方，「規範意識」については，「欲求のままに行動している子はいないか」「学習や生活の怠惰が許されていないか」という視点で読み解くことができる。個人の欲求や怠惰が許されると規範意識が低下し，まじめな子が報われない「正義が通らない社会」に学級が陥ってしまうのである。特に，学級集団の「規範意識」を見るメルクマールとしては，「掃除の様子」や「宿題等の提出物の揃い方」「ろうか歩行の様子」等が挙げられる。

　このとき，気をつけなければならないのは，ルールの徹底の場面における教師の指導のあり方である。多くの教師が陥ってしまうパラドックスは，この「規範意識」（ルールの徹底）を目的概念化してしまうことである。ルールの徹底を目的概念化した学級は，教師も子どももそれに縛られて窮屈な思いをする結果に陥るのである。仮に，教師の統制的な指導のもとでルールが徹底されたとしても，行動を統制する教師の存在によって成り立っているということである。教師の存在がないときには，規範意識が崩れる可能性があるのである。

　また，教師として知っておかなければならないもう一つ重要なことは，ルールに対する基本的な考え方である。そもそもルールとは，人が集団で生活するときに互いの権利を侵害しないようにするために行動を制御する機能をもつものであるということである。つまり，逆にいうと互いを尊重し合うような集団では，ほとんどルールは必要なくなるということである。

　「学級」を預かる教師にとって学級集団のルールの徹底は，とても気になることであるが，ルールの徹底が「目的概念化」すると統制的な指導に傾斜し，子どもにとって窮屈でストレスフルな生活を強いることになりかねない。これは，教師にとってもストレスフルな指導となる。これが，「ルールの徹底」を目的概念化したときのパラドックスである。このことが，「負の連鎖」のはじまりとなることがあることを教師は知っておかなければならない。子どもがお互いを尊重し合うなかで，集団の規範意識が高まっていくような「正の循環」を促すことが，子どもにとっても内実を伴った社会性の醸成につながると考える。

（3）「正の循環」への転換可能性

　実は，学級集団の「規範意識」においても「人間関係」においても，教師の適切な指導が施されない「放任」の状態にあると「負」の方向へ傾斜するのが「学級経営」の常なのである。子どもの中には「性善」な部分と「性悪」の部分があること

を教師は認識し，そのままにしておくと楽な方へ子どもの意識が傾き，「負の連鎖」がはじまることを知っておかなければならない。

　では，放置しておくと「負の連鎖」へ陥る学級集団を，「正の循環」へ転換するポイントは何だろうか。個々の子どもの成長を促し，支え合う学級集団づくりを可能にする教師にとって大切な指導の在り方とはどのようなものであろうか。

　その答えは，教師と子どもの身近で地道な日々のかかわりの中にあると考える。一人ひとりの子どもと，そして学級集団とともに「正義」や「人のことを大切にする心」の価値を普段の生活の中で確認し合う営みである。子どもの中には大人もかなわない優しさや正義の心があり，それを発揮する場面がある。教師がその場面をとらえて，そのことのよさや価値を認める。この営みを地道に積み重ねることに，「正の循環」への転換の可能性やポイントが秘められていると考える。

　普段の生活の中で，さりげなく隣の子に消しゴムを貸す様子，風で舞った友達のプリントを拾う姿にその子の感性（気がつく心）の尊さを読み取り，教師が学級の子どもたちにその内面の優しさ，人のために行動できること，人が支え合うことの意味や意義を価値づけ，広げる。このような日々の営みを通して「個としての努力」や「人のことを大切にし，支え合って生活すること」の価値や心地よさを経験の中で蓄積することができる。そして，そのことこそが，子ども自身の価値や正義に基づいた行動をさらに生み出すのである。そのことによって，個としての成長と集団としての発達の両面を駆動させ，「正の循環」を生み出す原動力となると考える。

　そこには結果としての「規範意識」が存在し，結果としての「人間関係調整力」の育成が具現化されるのである。「規範意識」や「人間関係調整力」は求めるべきものではなく，日々の具体的な営みのなかで問い返し，かかわり合うなかで結果として醸成されるものであるということを教師は認識する必要がある。

　このような教師と子どもの息づかいが伝わるようなかかわりを積み重ねる中で真の「規範意識」や「人間関係」が醸成される。そして，このような教師と子どもの，また子ども同士のかかわり合いの積み重ねの中で，学校教育の重要な機能の一つである社会性の醸成が具現化されるものと考える。

～「正の循環」と「負の連鎖」について～

「循環」と「連鎖」を使い分けている。それは，「連鎖」というのは，「将棋倒し」のように倒れ始めると殆どエネルギーなしに崩壊を続ける様子を意味する。また，「循環」は心臓が血液を全身に送り込むようにエネルギーをもって稼働し続けることによって，健全に生体を維持し，成長を促す様子を意味している。したがって，学級集団も放任しておけば「負の連鎖」がはじまり，エネルギーなしに崩壊を続ける。逆に教師が，エネルギーを傾注し，子どもたちとの生活の中で人として大切な

価値や正義を見取り，価値づけることを積み重ねることによって「正の循環」を稼働する。そして，個の成長と集団の発達を促すということである。この「負の連鎖」には「教師への不信」があり，「正の循環」には「教師への信頼」がある。「正の循環」と「負の連鎖」には教師と子どもの人間関係が大きなファクターとして存在することを認識しておかなければならない。

これが，「負の連鎖」に陥りやすい学級集団を「正の循環」へと転換させる原動力を駆動させる基本と考える。そして，そこで発揮される教師の力量が教師の専門性の中核をなすと考える。これが教師として求められる専門性のなかで最も重要な部分をなすのである。「子どものよさや価値に気づき，価値づける力」「子どもの中に内在する問題を読み取り，解釈し，改善する」力である。これが，教師の「省察力（せいさつりょく）」なのである。個の状態，集団の実態を読み取り，解釈し，適切な方法を用いて個の成長と集団の発達を促す，教師として最も大切な力量である。

3．学級経営の改善を阻むもの～問題の整理～

今日，初任者や若手教師が担任する学級だけでなく，中堅やベテラン教師が担任する学級においても多くの「学級崩壊」の事例が報告されている。もちろん教師の指導力の不足だけがその原因ではなく，子どもの変容や保護者の多様な要求等，価値観の多様化によるものも少なくない（学級経営研究会「学級経営の充実に関する調査研究」，2000）[1]。しかし，多様な保護者の要求や子どもの変容のなかでも生き生きとした学級経営を展開し，確かな学力と豊かな社会性を育み続けている教師がいることも確かである。これらの教師は，いったいどのような力を発揮し，学級経営における様々な困難場面を乗り越え，個の成長と集団の発達を実現しているのだろうか。また，このような力は，若手や「学級崩壊」の危機に瀕している中堅やベテラン教師に伝達することができないのだろうか。

現在，学校においては，初任者に対して校内の指導教員と初任者4人に対して一人の校外からの指導教員が制度的に配置されている。この他，管理職や同じ学年に所属する教師からのサポート等も受けて実際の初任者研修が展開している。このような体制が整備された状況でありながら初任者の何名かは，学級がうまく機能しない状態に陥り，その結果，体調を崩したり，教職を辞したりしている。

なぜ，初任者に対する支援体制がこれほど整備されていながら，その指導が機能しないのか。初任者の行き詰まりに対して複数の個別の指導・支援を施していながら，なぜ学級の状態が改善に結びつかないのだろうか。指導者の多くは，学級経営において実績を残し，意図的な人選を経て任用されているはずである。実際に，行

き詰まりを起こした初任者の指導に当たった担当者も有能な現場実績をもち、実践家としての指導力に何ら問題もないのである。

　また、中堅やベテラン教師においてもこれまでの十数年またはそれ以上に及ぶ経験を持っていながら学級がうまく機能しない状態に陥ることが発生している。このような教師にとってこれまでの経験はどのようなものだったのだろうか。子どもの実態に応じた柔軟な対応力は蓄積されていなかったのだろうか。また、このような状態に陥ったこれら教師に対して管理職を含め同僚・先輩教師等から支援が施されている。学級の状況を見て「どう対応したらよいのか」という行動・技術レベルでの具体的な指導が多くなされているのである。にもかかわらずこれらの指導がなぜ機能せず、教師の指導の質の向上や子どもの生活の安定に結びつかないのだろうか。

　これらの問題の原因を整理してみると以下のようなことが考えられる。

① 教師の専門性の特殊性の問題（文脈性）

　　「学級経営」において教師に求められる力とはどのようなものだろうか。それは、単に「どのように指導するのか」という結果としての行動・技術レベルだけでなく、その指導を行う根拠となった背景や文脈の読み取り方に教師の専門性を指摘できる（佐藤、1996）[2]。つまり、子どもの様子からその子の内面を読み取り、様々な観点から問題の原因を分析し、その原因に応じた効果的な指導を展開できる、という文脈性という特性をもつということである。したがって、単に行動・技術レベルの方法論のみを伝達する指導では、その効果が殆ど期待されないのである。指導技術論だけでは通用しない世界ということである。それだけ教育という仕事が奥深く、見えにくい人の内面にかかわる複雑な営みであり、高い専門性が求められるということである。

② 指導内容の伝達困難性の問題（暗黙知）

　　したがって、初任者等への指導や支援の内容が単に行動・技術レベルだけを切り取ったものである場合、殆ど意味のないものになってしまう。逆に上述の通り、行動・技術レベルの指導に加えて、子どもの読み取り方や指導をする上での基本的な考え方を伝えられれば、文脈性を踏まえた教師の指導の在り方をより効率的に伝えることができる。そのことによって、初任者の指導が質的に高まることが期待されるということになる。

　　ところが、多くの指導的立場にある熟練した教師は、学級の状態を「暗黙知」の中で無自覚的に解釈し、指導へ結びつけることが多い。そのため、なぜそのような指導をするのかという理由や、基本的な考え方、背景の読み取りといった文脈性の部分の説明が捨象されてしまうという次の問題に行き当たる。指導担当者からの指導が、単に行動・技術レベルに留まる理由がここにあると考えられる（千々布、2005）[3]。卑近な例で恐縮であるが、自転車に乗れない人に乗れる人が教え

ることが難しいのと似ている。いったんできてしまうと何に困っていたのか，何に行き詰まっていたのかが見えなくなってしまうということと，自分がどのようにしてできるようになったのか言葉では説明しにくくなるということである。

③学級経営の個別性，閉鎖性に起因する問題（個業性，個別性）

　多くの経験を持った教師もいったん教室に入ると，隣の学級の学級経営の内容や方法について殆どその実態を知らないまま過ごしている。特に学級経営の背景にある教師の基本的な考え方や子どもの読み取り方について情報を交換し合うことは希である。学級経営の展開の仕方は，それぞれの教師の勘と経験にたよってきた側面がある。このことは，佐古（2006）[4]が指摘する学校組織の「個業化」という特性も手伝って，教師がそれぞれ別々に教育活動を展開することが常となり，「それぞれが自己完結的に遂行する」側面をもっていることからも説明される。

　また，互いの学級経営の様子について話し合う場があっても，子どもの違いや教師の考え方が違うということを理由に深まりのない議論に留まることが多い。学級経営において共通する「教師にとって大切なこととは何か」，という標準的なことも不明確である（というより解明されてこなかった）。そのため互いの論点が定まらず，時間を設けて話し合ってもかみ合わない議論となり，改善性につながらないことが多いと考えられる。つまり，よりよい学級経営をすすめるために標準的に求められる「教師にとして大切なこと」とは何かという共通概念（議論の拠りどころ）をもっていないことが，かみ合わない議論になってしまう原因と言える。最後には，「子どもが違うから」「（教師の）基本的な考え方が違うから」ということですれ違ってしまうのである。このような状況を打開するためにも，教師としてのタイプや考え方が違っても，共通して求められる「教師として大切なこと」を概念化し，共通言語をもって議論できるようにすることが求められているのである。

　以上のように，学級経営の改善性を阻む問題を整理してきた。互いの学級経営の課題を明らかにして議論を深めるためには，これら問題を解決し，「教師に求められる大切なこと」を明らかにしなければならない。

　この動機に基づいて，筆者はこれら問題に応える方法論を開発することを試みた。

４．学級経営における教師の専門性を解明する方法論の開発
（１）「文脈性」の問題に応える方法論の検討

　これまで，「どのように指導したのか」という結果としての「指導」という行動・技術レベルでの教師の学級経営の在り方が問われることが多かった。しかし，先述の通り，教師の専門性は，子どものよさや問題に気がつくところからすでに始まっ

ている。この過程を整理すると①問題等への気づき，②問題等の分析，③分析に基づいた指導の展開という一連の「省察の過程」をたどる「省察力」に集約される。そこで，理論的な「省察の過程」の概念に対応させて，教師の①「気づき」，②「分析」という「思考の過程」（省察的思考）とそれに基づく③「具体的な指導」を取り出すことができるのではないかと考えた。

（2）「暗黙知」の問題に応える方法論の検討

しかし，千々布（2005）が指摘するように，教師は，多くの学級経営場面で無自覚な「暗黙知」のまま実態を解釈し，指導を展開していることが想像される。このように無自覚な暗黙知のまま展開することが多い学級経営の実践から教師の「思考の過程」（省察的思考）を取り出すことが可能だろうか。

このことに応える方法として「臨界事象法（critical incident method）」の適用を考えた。この方法は，これまでの経験の中で最もよかった（もしくは悪かった）経験を問う方法である。この方法の期待される効果は，学級経営上の行き詰まりや問題への対応等，無自覚な思考では対応できない場面設定がそこにあり，その打開のために自覚的な省察的思考が展開され，教師の「思考の過程」が取り出せるのではないかということである。つまり，「これまでの学級経営上の出来事で特にうまくいった場面（あるいは，特にうまくいかなかった場面）」の事例を問うことで，「暗黙知」ではなく自覚的で教育的専門性に富んだ「気づき」や「分析」の思考過程を含めて取り出すことができるのではないか，ということである。

（3）教師の専門性（省察力）を概念化する方法

臨界事象法（critical incident method）で集積した事例から，教師の「気づき」や「分析」等の思考過程とそれに基づく経営行動の特性を取り出せたとして，それらをどのように概念化することが妥当なのであろうか。文脈性を失わずにその特徴を表す「概念化」の手法が求められる。

この課題に応える方法として経営学で用いられているコンピテンシーの概念が援用できる可能性があると考えた。それは，「個別の出来事」を主題分析することによって，その職業の高業績者の行動特性を概念化するコンピテンシーの抽出方法（スペンサー＆スペンサー，2001）[5]の援用である。具体的には，事例に含まれる高業績者の思考過程を含めた行動を取り出し，そこに含まれる主題を分析し，高業績者の行動特性（コンピテンシー）を抽出する手法である。

教師の専門性を行動レベルの指導だけでなく，何に気づき，何を感じ，何を考えて指導を展開しているのか，という教師の思考過程を含めて文脈に即した形で抽出し，概念化する方法の構築を目指した。

５．事例の集積と分析，概念化の実際

（１）臨界事象法（critical incident method）による事例の集積方法と対象者

　鳴門教育大学大学院院生（現職経験有り 15 名，現職経験なし 15 名）を対象に「これまでの学級（経営）のなかで教師の指導が「うまくいった（よかった）事例」もしくは「うまくいかなかった（よくなかった）事例」を表１の要領で記述を求めた。なお，学級経営場面と授業場面で発揮される教師の省察力の質的違いにより，今回は学級経営場面に焦点化して事例を集積した。

表１　学級経営における事例の記述の視点

これまでの学級経営の中で教師の指導によって「うまくいった（よかった）事例」「うまくいかなかった（よくなかった）事例」

　　①状況

　　②関わった子ども，教師「関係者の状況」

　　③何を考えていたのか，何に気をつけていたのか「考え方」

　　④どうなってほしかったのか「願う姿」

　　⑤どう感じていたのか「感じ，感情」

　　⑥どうしたのか「行動，対応，指導」

　　⑦どうなったのか「子どもの行動の変容」

　　　＜①～⑦を入れてできるだけ詳細に記述＞

（２）事例の分析方法

　事例の内容から教師の省察的思考とそれに基づく経営行動の特性に着目し，事例に内在する教師の省察力について主題分析をし，それぞれについて定義づけをする。定義づけした省察力について理論的な『省察の過程』に対応させて整理することを試みた。

1）「省察の過程」の概念の定義

　「省察の過程」を「体験学習理論」（Kolb, 1984）や「教育的な推論と行為」（Shulman, 1987）等の先行研究（以上，Sparks 他，1991 による）[6]をもとに表2のように定義し，図1のようにまとめた。

　この「省察の過程」に基づいて分析を試みるが，②と③は，実際的な指導場面においては背景や状況を想起しながら同時に解釈を進めていることがとらえられたので，一つの枠組みとして分析することとした。

表2　　「省察の過程」の定義

「省察の過程」
①問題の抽出　　　　　；印象レベルの問題点の指摘
②想起・表象　　　　　；指摘した問題の背景や状況についての想起・表象
③分析　　　　　　　　；文脈に即した原因の探索等，要因の構造的な分析と解釈
④根拠に基づく説明　　；問題の構造と原因に応じた打開策の生成

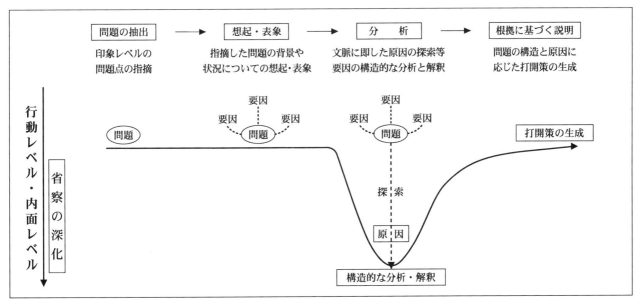

図1　　「省察の過程」

２）「省察の過程」に即した事例分析手順

①省察力の抽出と定義

　事例に含まれる省察力を抽出し，定義する手順を表３に示し，その具体例を表４に示す。

　表４の事例（「朝の会の健康観察」）においては，主題分析を経て２つの省察力が抽出され定義づけられている。

表３　省察力の抽出と定義の手順

| ①省察に関する記述に下線を引く |
| ②この行動特性（下線部）に着目して主題を分析する |
| ③主題分析をもとにこの事例に含まれる省察力を定義づけする |

表４　事例に含まれる省察力の定義づけの具体例

事例	「主題分析」と「省察力の概念化」
【朝の会の健康観察】　　　　　　　　　① 　朝の会の「健康観察」は，よっぽど時間がないとき以外は，担任の手で一人ひとりに対して大事に行っていた。特に人数の多い学級では一人ひとりの顔をきちんと見つめられるのは，１日の中でこの時だけということもある。しかも，高学年でも健康観察であればじっと顔を見つめても違和感はない。	＜主題分析＞━━━　② 「健康観察」をすべての子どもと個別に対面し，その日の状況を把握できる場とする ＜抽出された省察力の定義づけ＞ 『個々の子どもの状況（よさ・問題）を把握する場の意図的設定』━━━③
「〇〇をケガしています。」と言えば「どうした？ああ，そんなことがあったんだ。」といった会話にもなる。積極的な子は，朝１番に担任に「先生，先生，聞いて！」と言いに来るが，健康観察であれば消極的な子ともそういった会話ができる。「元気です。」と答えても表情は浮かなかったりすれば，後の休み時間にでも「どうかした？」と話しかけることができる。〜後略〜	＜主題分析＞ （集団の中で見落としがちな）消極的な子（シャイネス）や元気のない子と会話するきっかけをつくる ＜抽出された省察力の定義づけ＞ 『気になる子どもへの意図的な読み取り』

　このように概念化した省察的思考に，それを抽出した具体例を付加し，具体的な視点や内容を明示した（表5）。

　さらに，抽出し，概念化したそれぞれの省察的思考と指導行動を分類し，質的に類似するものを集約した。それぞれいったん概念化した省察的思考と指導行動の特徴を再定義した（表6）。

表5　定義づけられた省察力と具体的な経営行動の具体例

省察力	『気になる子どもへの意図的な読み取り』
・経営行動	・シャイネスの内面への意図的な読み取り

表6　主題の類型化による再設定の具体例

事例1より

＜省察力①＞

『気になる子どもへの意図的な読み取り』

・シャイネスの内面への意図的な読み取り

事例2より

＜省察力②＞

『特別な支援を必要とする子どもへの意図的な読み取り』

・集団になじみにくい子への意図的な読み取り

＜省察力①と②の再定義＞

＜再定義された省察力③＞

『特別な支援を必要とする子，気になる子への意図的な読み取り』

・集団になじみにくい子への意図的な読み取り

・シャイネスの内面への意図的な読み取り

Ⅱ．優れた教師の省察力（せいさつりょく）

1．よりよい学級経営をすすめる『教師の省察力（せいさつりょく）』
　このようにして事例から取り出した「個の成長を促し，まとまりのある学級づくりをすすめる『教師の省察力』」を以下のようにまとめた。

（1）教師の省察力の類型化
　「省察の過程」に基づいて取り出した省察力は，大きく①『気づく力』，②『分析する力』，③『解決し，成長を促す力』という3つに分類された（図2）。それぞれの段階ごとに取り出された省察力の中身を見ていきたい。

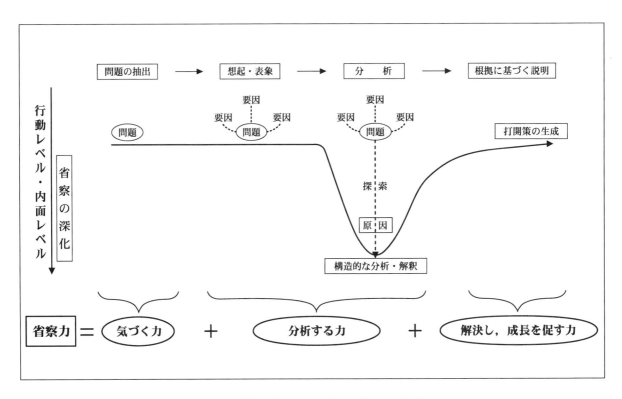

図2　『省察の過程』と『省察力』

1）「気づく力」
　「教師の省察力」として，まず，日常の生活の中で，個や集団に内在する「よさ」や「問題」に『気づく力』が取り出された。
　この気づく力には，気づくための「3つの視点」が明らかになった。
①視点1；「個の内面や集団の状態を可視化させる場の設定」
　1つ目は，「個の内面や集団の状態を可視化させる場の設定」である。よりよい学級経営をすすめる教師は，子どもの内面や集団の状態を読み解く力をもっているが，それと共に自分の把握できる範囲の限界を良く認識している。

　さらに，省察力が豊かな教師ほど，子どもの内面や思考の見えにくさを認識している。表面上は明るく振る舞っていても内面では，悲しんでいたり，困っていたりすることがある。子どもにとって重大な悩みも，普段の観察だけでは見えにくく，見落としてしまうことがあることを十分認識しているのである。

　自分の気づく力の限界を知っているからこそ，意図的に子どもの内面を可視化させる場を設定しているのである。例えば，日記，宿題，健康観察・・・を通して，学級全員の子どもの様子を把握する機会を日常に位置づけている。同じ健康観察でも，省察力が豊かな教師は，「学級の子ども全員と顔を合わす大切な機会」ととらえ，「その日の状態を把握」できる場としている。「日記」からは「子どもの内面や行動」を把握することに利用し，「宿題」では学習に向かう姿勢を含めた「学習状況」等を把握しようとしている。

　また，帰りの会で，今日一日の中で見つけた友達のよいところを発表し合う「よいこと見つけ」や逆にいやだと感じたり，困ったりしたことについて学級のみんなに伝える「みんなに意見」という場を設定している。このような情報交換の時間を設定し，「子どもの利他的な行動」や「いやだったこと」等を子ども相互の目によって可視化することにも努めている。教師ひとりでの読み取りの限界を認識し，子ども相互の目を借りながら，個々の子どもの内面に潜むよさや問題を可視化する工夫をしているのである。

②視点２；「学級の雰囲気や言動から集団や個の状態を読み取る力」

　２つ目は，「集団の雰囲気や言動から集団や個の状態を読み取る力」である。その具体的な内容は「個」と「集団」をそれぞれ読み解く視点である。

（ⅰ）『個』の読み取り
a）安全健康・心の状態

　省察力豊かな教師は，日常の生活の中で個々の子どもの「安全や健康」に留意し，表情や行動のわずかな変化に気づくことができる。普段の様子との違いに違和感を覚え，注意を寄せていくのである。

　このことは，心の状態についても同様で普段との様子の違いから「友達関係」や「家庭での出来事」に起因する「心の状態の変化」にまで気づく。「人知れず悩んでいる子」がいないか，ということも含めて「危機管理的な視点」をもって見ているからこそ生まれる「気づき」なのである。

b）利他行為，努力

　また，「そっと，隣の子に消しゴムを貸すなどという些細な行動」からも「その子の優しさ」を見逃さない。このような普段の生活の中に点在する子どもの利他的

な行動に気づき，その価値を読み取ることができる。また，「人知れず努力している子」についてもその子の取り組む姿や表情から敏感に察知し，気づく。

　省察力が豊かな教師は，様々な価値観に基づく多くの「ものさし」をもって子どもたちの生活を見，「正義感」や「道徳的価値」，「個人の努力」等，個の成長と集団発達に結びつく，見逃してはならない子どもの行動や心の働きに気づくのである。

（ⅱ）『集団』の読み取り

　集団の中に潜む問題の読み取りとして「人間関係の歪み」と「規範意識の低下」の２つの視点が取り出された。この２つの視点は，集団を読み解くときの重要な視点となり，学級集団の「負の連鎖」の始まりを察知する視点となる。学級担任のみならず，学年団，管理職等，外部から学級の状態を読み解くときにも有効な視点となる。この他，集団を読み取る視点として，利他行為や支え合う姿，協力して努力する姿をとらえる視点が事例から取り出された。

a）人間関係

　「人間関係の歪み」としては，「強い者のわがまま」や「弱い者の不当な扱い」がないかという読み取りである。この状態が放置されると「いじめ」が発生し，深刻化するのにそう時間がかからない。「負の連鎖」の項での記述の通り，メルクマールとなるのが集団になじみにくい子を含めた「教師の特別な配慮を必要とする子」である。この子たちがどのように学級集団に位置付くかで人間関係の状態を判断できる。事例では，ADHDの子が「虫博士」として学級に位置づくとともに，「今日は〇〇分座っていられたね」とその子のがんばりを周りの子が認めるという内容が報告された。その子のできないことではなく，よさやがんばりを周りの子たちが認めることができる学級集団の価値が見出された。

　また，教師として気をつけなければならないのは，教師自身が「特別な配慮を必要とする子」を排他的に扱ってしまうことである。その教師の行動（態度を含める）は，てきめんに学級の子どもに広がり，その子は，学級集団から排他的な扱いをされてしまうのである。まさに「負の連鎖」の始まりである。

b）規範意識

　「規範意識の低下」では，「欲求のままの行動」や「怠惰な行動」が横行していないかという読み取りである。この状態が放置されると学級が「無法状態」となり，学級崩壊へとつながる「負の連鎖」が発生する。「規範意識」の状態を読み解くメルクマールは，「掃除への取り組み」や「提出物の揃い方」等，いろいろあるが一つ崩れると他のことへも負の連鎖がはじまるのが特徴である。集団の状態への危機管理的な見方・配慮が教師に求められる。

　c）利他行為，努力

　一方，集団のよさの読み取りとして「利他行為」や「規範意識の高い行動」の視点が抽出された。

　互いに支え合い協力して努力する行動や集団で行う利他行為，声を掛け合ってルールを守ろうとする姿を教師が「集団のよさ」ととらえる場面が事例として報告された。

　集団の中に潜む問題点やよさを発見する，これらの発見（気づき）は，教師の省察力発揮の起点と言える。

③ 視点３ ；「配慮を必要とする子どもの内面を意図的に読み取る力」

　事例のなかで多く取り上げられたのが，「特別な支援を必要とする子，気になる子どもへの対応場面」である。学級には，「集団になじみにくい子」や「シャイネス」「学習遅進児」等，「学級担任にとって特に配慮を必要とする子どもが何人か存在」する。この子たちへの日常的な省察は，学級経営にとっても重要な意味をもつ。学級集団の人間関係を読み解くメルクマールとなるこの子たちが「学級から排他的に扱われれば，学級集団としての発達も個の成長も十分に促すことができなくなる」からである。逆にこの子たちも「学級の中にきちんとした居場所があり，一人の個性をもった存在として尊重されるような学級であれば，学級集団としての発達も個の成長も十分に期待される」ということである。

　したがって，省察力を発揮する教師は，この子たちの内面や学びの状態への意図的で継続的な省察を行っている。事例からは，学習遅進の子どもの学習に対する思いへの「気づき」が語られた。「僕も大人になったらお父さんのように会社に勤めて，給料もらって自分の子どもにグローブを買ってやれるようになりたい。そのために僕も勉強ができるようになりたい」という。「学習遅進児の『僕も勉強ができるようになりたい』という気持ち」等への「気づき」の重要性が指摘された。

④ 「あってはならない教師の見逃し」＜教師の『Don't』＞

　集積した事例の中には，教師の省察力が発揮されるべきときに発揮されずに問題が見逃されてしまった事例が複数含まれていた。

　「課題の過少評価・見過ごし・回避」，「子どもの内面を見ようとしない（無関心）」や「排他的行為（いじめ）の見過ごし」「危険（安全）や健康への注意欠如」等，あってはならない教師の見逃し（教師の『Don't』）として抽出された。

　事例では，足に障害を抱えた子どもが「運動会の全員リレーに参加したい」と願っていたが，担任教師は「学級の勝利を求める他の子どもの雰囲気」に負けて，「本人の気持ちを回避し，参加への対応を怠っていた」。これは，「個人の悩みの軽視」につながる事例である。結果として「一部の友達の支援と本人の直訴で，参加でき

ることになった」が，この障害を抱えた本人は，当時を振り返り「もし，このとき走らなかったら，自分は不登校になっていたかもしれない」と述懐している。教師の子どもの内面への『気づき』の重要性がうかがえる事例である。

　これらの教師の見過ごしや回避によって，不登校やいじめが深刻化したり，学級崩壊に陥ったりすることが，事例からとらえられた 。

　以上，「よさ・問題の発見・抽出（気づき）」の視点について，資料2にまとめた。

～「ものさし」の話～

　省察力が豊かな教師は，その子のよさを読み取るたくさんの「ものさし」を持っている。勉強は苦手だが，掃除が上手。その子が最も引き立つ「ものさし」をさっと出してその子のよさを価値づけ，勇気づける。みんなに広げる。低学年からずっと「ダメな子」でとおってきた子も生き返る。周りの子もその子を見直す。「ここがこの子のいいところなんだね」と感心する。

　そうでない教師は，子どもをよさをとらえる「ものさし」が少ない。「勉強ができる」「先生の言うことをよく聞く」これくらいしか持っていない。勉強ができず，教師の言うことを素直に聞かない子はアウトである。この教師にとって「都合の悪い子」なのである。この一年は救われない。

　この違いは，どこから生まれるのだろう。教師の生育歴の違い？できない子の気持ちを読み取る力の差？センス？私は人としての「価値観」の差だと考える。「別に勉強だけが人生じゃない」と開き直るわけではないが，「人として大切なことは何か」を常に問い，多様な価値観を持ってその子のよさを見つけ出そうとする意志がこの差を生み出すと考える。教師のこの意志が，「ものさし」の数を実践の中で増やすのだと考える。教師の「ものさし」で，救われる子どもも多くいる。特に家庭的に恵まれない子にとっては大きな救いとなる。

　そうした教師の受け止めは，学級の子どもたちに多様な個性を認める価値観を醸成し，子ども達も「自分もそのように認められる存在なんだ」という安心感をもって学級にいられる。まさに，他者理解と自己理解の力の醸成である。教師の多様な「ものさし」は様々な子どもを救い，少ない「ものさし」しか持たない教師は排他的な感情を生み出す。教師が持っているものさしの数が「正の循環」と「負の連鎖」の分岐点となることを認識しなければならない。

２）「分析する力」

　気づいた問題についてその背景や状況について想起し，その問題にかかわりそうなあらゆる側面から解釈を加え，原因の探索する『分析する力』が事例から読み取れた。

　ここでの教師の省察力の特徴は，省察の広さと深さで説明できる。省察力が豊かな教師ほど，多面的に問題をとらえようとするため，あらゆる側面へ省察をかけている（省察の広さ）。例えば，「他の子どもとの関係」や「家庭の状況」「過去の出来事」等である。また，もう一つの特徴は，表面的な行動レベルの事柄だけでなく，「その子の内面」や「人間関係」といった目に見えない「内面レベル」への省察をかけていることである（省察の深さ）。まさに，一つの問題を『分析する力』である。

　うまくいかなかった事例を読み解くとその特徴として，この過程を経ていないことがうかがえる。子どもの問題行動に対して，その背景や原因を読み取ることなく，行動を制御するような指導がこれにあたる。忘れ物をした子に「忘れ物をするな」と言い，髪型や服装といった目に見えることへの指導に傾斜し，子どもの内面を見ようとしない指導である。この内面を無視した行動制御型の指導は，教師側の「排他的な心情」（「やっかいな子」という）を伴うことが多い。そのことはそのまま子どもにとっても「形でしか人を判断できない，人の気持ちが分からない大人」という，対立関係を生み出し，「負の連鎖」のメカニズムにスイッチが入ってしまうことになりやすいのである。

　問題となる行動等に気づいた教師が，その問題の背景や子どもの内面を読み取ろうとするのか，そのままその問題行動を制御することのみにエネルギーを傾注するのかによって，その後の問題解決の仕方が大きく変わるのである。教師の誰もが，子どもを悪くしようと思っているわけではないが，ここでの省察の広さと深さが，子どもの内面に届く指導を生み出せるかどうかの分岐点となる。つまり，この『分析する力』が，「負の連鎖」へ引きずり込まれるか「正の循環」へ呼び戻すかの分岐点なのである。

　これは，筆者自身の経験であるが，ある年，「嘘をつく，物を盗むことがよくある」と言われた子を受け持つことになった。その子は，家庭的な問題によって転々と引っ越しをし，一人で過ごすことが多かった。筆者は，家庭的な状況や生育歴，これまでの学校での指導の記録や経緯から「心の寂しさ」や「心のよりどころのなさ」が問題の根源的な原因と考えた。それで，「嘘」や「物がなくなる」ことに関して一切指導をせず，この子に寄り添うことをもって指導に代えた。その子が土曜日のお昼を一人で食べているのを知ると一緒に食べ，髪の毛が伸びると一緒に散髪へ行った。その子に欠けていると感じた「心の拠りどころ（心の基地）」に私自身がなれれば，と考えたのである。これまでの生育歴を見て，そんなに簡単にこの子

の凍った心が溶け出すとは思っていなかったが，この子を受け持って2ヶ月ほどした日曜日の朝に，「先生遊ぼう」という電話がかかってきた。それまで，大型量販店のゲームコーナーで休日の殆どを過ごしていたこの子から遊びの誘いを受けたのである。そして，その日を境にその子の「嘘」を感じることがなくなり，物がなくなることもなくなった。その後，子ども同士の関係性を築き，母親とも話をしてこの子の「心の拠りどころ」の主体を広げていった。「嘘をつく子」に「嘘をつくな」，「物を盗む子」に「盗むな」と言っても通用するのものではないのである。いたちごっこは単なる徒労である。子どもの内発的な改善性の糸口を丹念に探り，つきとめるところに教師としての専門性があると考える。

　また，寄せられた事例では，暴力行為を繰り返す小学3年生の男の子を受け持った教師の省察の広さと深さがとらえられた。この教師はその子の問題行動の原因を探索し，①「過去の出来事」②「家庭の状況」③「その子の内面・特性」④「教師との関係」⑤「他の保護者との関係」という複数の領域に省察をかけていた。また，省察のレベルも表面的にとらえられる「行動レベル」からその問題の状況や背景，そして関係者の内面への省察を特徴としている。例えば，①「過去の出来事」の情報収集において，「友達を蹴ったり，鉛筆で突き刺したりした」行動レベルの把握とともに「気に入らないことがあると暴力をふるう」という暴力行為が発生する「文脈」に注意を寄せている。また，②「家庭状況」においては，「家族構成と養育の状態」，「最近の出来事・生育歴」から「家族のこの子のとらえ方」について関心をもって省察している。そのなかで「両親の離婚」や「母親の精神的な病気・育児放棄」，「祖父母による養育」という状況と「祖父母も対応しきれない様子」を把握している。また，保護者と学校との関係についても，過去2年間の担任との関係のなかで学校に対する不信感を募らせていたことを把握している。

　これらの省察をもとに「恵まれない家庭環境」と「生育歴」「学校生活での排他的扱い」等が関係して，愛情不足による欲求不満が主な原因としてこの教師は認識したのである。このように省察を広げ，深めることによって問題に内在する根本的な原因を焦点化していった。

　また複数の不登校の問題を抱える子どもを受け持った事例においては，それぞれの子どもに対して教師が省察をかけ，その主要な原因として「友達からのいたずらや悪口」や「学習遅進への不安」等それぞれの子どもの内面や思考に潜む原因を特定している。教師の省察が「学級の子ども」や「（本人の）学習の状況」の領域へ及んでいることが読み取れた。

　筆者も不登校児と不登校傾向児を合わせて7名を一度に受け持ったことがある。転任早々，校長室へ呼ばれ，「特に困難な学年の特に困難な学級だがよろしく頼む」と直々に依頼されたのを今でも覚えている。私自身は子どもがもつ復元力（研究的に言えば「レジリエンス」）を信じる気持ちをもっていたので，「それぞれの子の

よさを大切にして取り組めば何とかなるだろう」と落ち着いた気持ちで承った。それぞれ，原因を探索すると「宿題をやっていないから」「友達が悪口を言う」「家でゲームしていたいから」等それぞれ別の原因によって不登校・不登校傾向に陥っていた。幸いどの子もそれぞれの原因を一つ一つ取り除いていくことによって改善を見せ，2ヶ月ほどたった6月頃にはどの子も学校へ来るようになった。「困難」と言われた学級の雰囲気もあたたかで明るいものになっていった。

　大切なのは，不登校・不登校傾向に陥ったという現象ではなく，そうなった原因を丁寧に探り，つきとめることである。すると自然と改善のための方法論は見えてくる。それともう一つ大切なのは，初期対応である。不登校・不登校傾向に陥ったことに気がついたときに，できるだけ早くその原因を突き止めることである。不登校が長引けば長引くほど「学校の敷居」が高くなる。周りの目も気になるようになる。その子の抱える原因をとらえ，一緒になって取り除いてあげる。宿題を一緒になってやる。ときには，学級のみんなで「悪口」等について考える。そこに改善の糸口が見出せるとともに集団の発達へつなげていける可能性さえ見えてくると考える。

　かつて，ロジャースのカウンセリングマインドが学校教育に浸透し，登校刺激を否定する考えが流布した。この考えと，不登校という現象を放置して本人の改善性にまかせる，ということととをとり違えてしまった面はなかっただろうか。確かに，無理な登校刺激は，省察力のない「行動制御型の指導」に他ならない。しかし，不登校の原因を探索し，それを取り除くことの支援を教師としてすべきではないだろうか。しかもその原因が学校や学級にあるのであればなおさらである。ロジャースのカウンセリングマインドを否定するわけではないが，結果として「不登校」という，その子にとっての「負の連鎖」を放置した結果，現在のひきこもりやニート問題に行き着く。「負の連鎖」は，まさに時間を超えて続いていくのである。その子を抱えた家庭は，時を超え今も苦しんでいるのである。出口のない将来をどのように受け止めているのだろうか。生み出された不幸を感じずにはいられない。

　求められる教師の『分析する力』として，問題の原因の探索を様々な領域へ及ばせ（省察の広さ），その子の内面や背景への省察を深める（省察の深化）ことを通して，根源的な原因をつきとめていることがとらえられた。これが『気づく力』に続く，問題の原因を『分析する力』である。

　よく学校現場で「見える教師」と「見えない教師」という言い方をする。「見える教師」とは，個と集団を読み解き，問題の根源的な原因やよさの本質が「見える」ことである。つまり，ここまで述べた『気づく力』『分析する力』がある教師が「見える教師」なのである。問題の根源的な原因やよさの本質が見えれば，その後の解決や対応の方法論は自ずと見えてくる。したがって，教師としての専門性の重要な部分をこの『気づく力』『分析する力』が占めているといえる。「見えない教師」を

「見える教師」に成長させる視点も『気づく力』と『分析する力』の育成に他ならない。

　以上，「多面的な省察とその深化（行動レベル→内面レベル）を通した原因の探索」について，資料3にまとめた。

3） 『解決し，成長を促す力』

① 「問題を解決し，さらにその子の成長を促す力」

　問題を抱えた子どもと対峙したとき，その問題を抑制する方向で指導が展開されることが多くある。問題行動を起こす子に対して「行動を制御」する指導である。服装や頭髪が乱れた子には，元に戻すように，という指導である。

　問題解決事例からは，これとは別の共通する教師の指導が取り出された。それは，抱えている問題とは全く別の次元でその子とかかわり，その子の内発的な改善性を伴った問題解決を促そうとする対応である。

　事例の中には，①問題行動を繰り返す子ども（中学生）と3年間正面からぶつかり合いながら指導行動を繰り返した教師や，②不登校の子ども（中学生）に対して徹底的に「受容」と「共感」の姿勢を貫き通した教師の指導事例が報告された。これら事例のなかの2人の教師は，行動レベルにおいては全く違う指導を展開していることが読み取れる。全く違うタイプの教師ということである。しかし，2人の教師の省察の領域や内面レベルへの省察の深化のさせ方に着目してみると，共通する部分が多い。

　子どもの問題を解決に結びつけることができる省察力が豊かな教師は，①『分析する力』を発揮し，特定した根源的な原因に対応して指導を展開している。また，②指導のゴールイメージとして「子ども自身が問題行動について自覚し，自分自身の意思で問題解決する姿」を描いている。また，③問題解決を促すために，この子にあった「成長目標を設定」し，この子自身が「やる気をもって取り組める場」を意図的に設定している。

　その共通する教師の行動の特徴は，子どもに対して「受容」「傾聴」の姿勢を貫こうとしている点である。また，子どもの改善を信じ，子どもが抱える問題が深刻であるほど，対峙する教師の「本気（親身）」の姿勢がとらえられた。そこには，子どもの問題解決を信じる高い期待と教師自身の強い使命感を感じるものであった。

　具体的には，問題行動を繰り返す子どもと3年間対峙した教師は，「一方的な指導ではなく必ずこの子の言い分を真剣に聴く」ことに心がけ，「いつかは分かってくれる」という望み（ゴールイメージ）をもっていた。そして，特別支援学級の子どもとの交流の機会にこの子の活躍の場を意図的に設定した。問題行動とは全く違う次元で，この子の力が発揮される場を設定し，問題行動の改善を期待したのであ

る。そして「特別支援学級の子どもをサポートする役割に対してこの子も根気強く応え，運動会の場で皆の賞賛を受け」るに至ったのである。

　一方，不登校対応に当たった教師は，これまでの学校生活の中で教師不信に陥っていることを読み取り，この子どもに対して「受容」と「共感」の姿勢に徹した。その中で，「彼女自身も気がついていないようなよさをたくさん見つけてあげること」に力点を置いて対応している。そして，「好きな手芸ができる家庭科部に入り，目標をもって学校へ行けるようになること」を成長目標として設定している。

　先述の「盗癖」と「虚言癖」の子どもと対峙した事例にも共通することは，目に見えるその子の問題を制御することを目的化していないことである。その問題を引き起こしている原因に着目し，問題とは全く違う視点からこの子たちにアプローチしている点である。その全く違う視点というのは，その子の内面の優しさや得意なことである。そこにポジティブ・フォーカスし，その子のよさを発揮できる場を意図的に設定していることにプロの教師としての共通のかかわりが見出された。

　また，問題を抱えた子の問題解決を促すために，「保護者」「学校スタッフ」「専門機関」等との「連携・協力する力」の必要性もとらえられた。このことによってより複眼的な省察と指導を可能にするのである。省察力が豊かな教師は，自分自身の能力の限界もよく知っている。スタンドプレーではなくチームプレーできるのも教師の省察力である。状況を読み取り，必要なところと連携をとる。学校スタッフ（特に管理職と学年主任）との随時確認は，プロの組織人として必要不可欠な力である。

　これを受ける管理職にも高い省察力が求められる。子どもの状態の読み取りや教師の対応への教育的価値や意義を読み解く力が求められる。そして，適切な支援体制を整えるのも管理職の省察力である。

②「個々の子どもの問題を学級全体の問題として解決し，個の成長と集団の発達を同時に促す力」

　個々の子どもが抱える問題を「学級全体の問題としてとらえ直し」，集団による話し合いや支え合う場を通して問題解決しようとする対応が複数の事例からとらえられた。このとき，集団としての発達を同時に促そうとする教師の『解決し，成長を促す力』が見出された。

　事例では，学級で発生したいじめ（中学校）に対して，教師の指導のもと学級全員での「ミーティング（話し合い）」が開かれた。そして，「いじめられた側，いじめた側のそれぞれから発言を求め，両者が納得して解決することをねらって」話し合いが展開された。また，「いじめには参加していなかった傍観者の立場の生徒にも当事者としての発言が求められた」。最終的にはいじめた側の謝罪といじめられた側の承諾によって話し合いは終わった。この事例では，傍観者も含め「当事者と

しての問題のとらえ直し」が促され，実際には「傍観者」が「仲裁者」としての役割を担うようになった。この話し合いによってかえっていじめが陰湿化するリスクもあったが，その後，「いじめた側，いじめられた側ともに行事において，それぞれリーダー的立場に抜擢され，その生徒が自信を取り戻すように配慮されていた」。また，「傍観者のなかの存在感のある何人かの生徒が教師の発言に共感したことで学級の雰囲気がよくなった」ということである。この事例から，教師が当事者の意見（言い分や思い）を語る場面を設定し，学級集団で「傾聴」し「内面を整理」しようとする姿勢がうかがえる。この中で，「（生徒が）自分の立場からの意見」を言うことにより「当事者としての自覚を促し」ている。また，互いの話を傾聴する場を設けることで，相手の立場で考え直し，「他者理解」を促している。そのことによって「共感と納得を伴った話し合い」の展開を意図している。この話し合いでは，教師が主体的にコーディネーター役となり意見を引き出し，互いの傾聴を促している。教師としての高い省察力が求められる事例と言える。また，この事例で注目すべき点は，話し合いに留まらずその後の自信回復のフォローまで視野に入れている点である。話し合ったことを内実化させる一番の促進剤は，協働を通した自信回復の実践であるということをこの教師がよく認識しているということである。そこには，話し合いで自信を失ったいじめた側の子の気持ちへの『気づき』がある。まさに教師の省察力である。

　また，「不登校の子ども」への対応事例でも共通する教師の対応が確認された。小学校6年生のA君への対応として，担任教師は「A君もみんなと同じ6年2組の一員だよね。来年には一緒に卒業したいから，A君が学校にきたときにはみんなと先生も一緒に彼を迎えてあげよう」と語りかけ，A君の問題を「学級のみんなで考えよう」としている。A君が学校へ来たときに受け止めてくれる友達の存在を感じ，「自分の居場所を学級のなか」に感じられるようにしようとする教師の意図がとらえられる。

　これら事例で最も難しいのは，個別の問題について，どのように学級全員の子どもたちに当事者としての意識をもたせるかということである。普段の生活の中で支え合う文化を学級に醸成できていれば，子どもたちは真剣に考えてくれるだろう。しかし，そうでない状況で個別の問題を集団に投げかけると逆に学級集団を拡散の方向へ進行させてしまうことも想像される。全員で問題を乗り越えようとする教師の強い信念と学級集団の状況を読み取る高い省察力が求められる方法と言える。

③「学級が抱える問題を解決し，集団の発達を促す力」

　集団が抱える問題に対して，個々の子どもの意識化を図ることによって問題解決に結びつけた事例が報告された。事例では，「ろうか歩行」について，様々な学級への指導を繰り返してきたが徹底することができなかった。そんなある日の全校集

会で障害を抱えた子について話があり，ぶつかったりすると命にかかわるという内容の説明がなされた。その担任教師はこのことを学級へ持ち帰り，学級が抱える「ろうか歩行」の不徹底の問題と結びつけて，個々の考えや意見をもたせる場を設定した。個々の子どもからろうかを走ることの危険性や人への思いやり等の考えが出され，「ろうかを歩く」という行動レベルのルールから，人への思いやりという内面レベルの自覚化が促された。その結果，互いに声を掛け合い，見事なほどにろうかを走る子どもがいなくなり，ルールが徹底された。

　ただ，「ろうかを走ってはいけない」というルールの徹底を目的化するだけでは実現しなかったことが，互いの安全を守るというルールの意味や意義を個々の子どもに自覚化させることによって徹底し，問題解決に結びつけた事例である。

　この事例が示唆するところは，ルールを目的化して，教師が統制的に守らせようとしても限界がある。やはり，子ども自身が内発的な動機をもって改善しようとしないと定着しないと言うことである。

　「太陽と北風」の寓話を想像されれば，分かりやすいところだろうか。「寓話」に秘められた「寓意」を学級経営のなかでも具現したいものである。

　これは，集団が抱える問題を個々の子どもの意識化を図ることによって生活改善に結びつけた打開の方法である。

④「教師のあってはならない指導」＜教師の『Don't』＞

　問題を抱えた子どもに対する教師の省察力が発揮されなかった事例より，あってはならない教師の指導が取り出された。

　それは，子どもの問題行動等に対して，その子の内面や背景への省察がなされず，「問題行動を短絡的に制御する指導（子どもの内面や状況を無視した行動制御型指導）」や「差別的対応・人格否定」「子どもへの遠慮による問題への対応の回避（教師側の保身的な理由）」「事実誤認（事実確認なし）の指導」「教師と子どもの思いの行き違いの放置」が抽出された。具体的には，家庭の事情で忘れ物をした子に対して叱責のみを繰り返す指導行動や，「こいつが諸悪の根源だ」と一人の子どもの人格までも否定的にとらえた教師の指導，「学級集団の中で影響力のある子からの反抗を警戒して，いじめ等の問題に切り込めなかった教師の問題回避的対応」，さらに「野球部顧問の指導をきっかけに顧問と生徒の思いが行き違うようになったが，互いに関係改善への努力を怠りそのまま放置した。最終的には有能だったその生徒が退部するに至った」事例が報告された。

　いずれも子どもの人への信頼や人格形成にまで影響を及ぼしかねない重大な内容をはらんでいることがとらえられる。教師としてあってはならない指導行動として抽出された。

⑤「教師のなくてはならない指導」＜教師の『Must』＞

　また，教師の見過ごしや回避が許されない場面が事例より抽出された。

　それは「命，安全に関することへの指導」と「人の心にかかわることへの指導」である。事例としては，授業中，普段快活な子どもの元気のなさに教師が気づき，いつもと違う様子から念のため授業を自習にして教師自らが保健室へ連れて行った。その途中，階段のところでよろめき，二度ほどつまずいた。そのまま転倒していれば命にもかかわる事故になりかねなかった。このように，子どもの健康，安全に対する省察力は，常に発揮されていなければならない重要な教師の力量として抽出された。

　また，もう一つが，「人の心にかかることへの省察」である。「心ない言動」「排他的言動」「利己的な言動」に対する毅然とした指導やそのような言動を発した子どもへの価値を伴った形での指導が求められる。このような言動は，いじめや規範意識の低下に結びつき，人の尊厳や心の安全，そして学級崩壊にかかる問題である。見過ごしや回避が許されない重要な場面である。

　以上，問題の構造と原因に応じた打開策の生成の過程について大きく２つに類型化し，資料４，５にまとめた。

⑥「学校行事・学級活動等を生かした学級づくりをすすめる力」

　学校行事や学級活動等を子どもの発想を生かし，自主的・自治的活動の場として効果的に展開し，学級づくりを意図的にすすめる省察力が事例から抽出された。

ⅰ）「子どもの工夫を生かした生活改善の仕組みの設定（係活動等）」

　日常生活における清掃活動や係活動等は，マンネリ化し，子どもたちの意欲が減退しやすい側面をもつ。また，そのまま放置すると活動そのものがおろそかになり，真面目な子だけが一生懸命取り組み，他の子は遊んでしまうという状態に陥る。ひいては学級崩壊へつながる危険もはらんでいる。

　このことに応える教師の省察力として，子どもの発想を生かし，日常的な生活改善へつなげている事例が報告された。マンネリ化によって活動意識に格差が生じることについて，課題意識を持っていた教師は，「週末ごとに係の仕事内容の見直しを話し合う」場を設定した。そして「美化係」を「教室ぴかぴか係り」と改名して子どもたちのアイディアを生かした生活改善を進めた。「中休みでの10分掃除」や「朝，5分間の掃き掃除」の他，「折り紙で教室に飾りを作る」等，学級の実態や子どものニーズに応じた様々なアイディアが出され，子どもたちの学級に対する意識が高まった。教師は，話し合いの時間と場をきちんと保障するとともに取り組みについて把握し，価値づけ，勇気づけることを進めた。そして，子どもたちのアイディアと活動によって日常的な生活改善を積み重ねることを，年間を通して可能にした。

ⅱ）「子どものアイディアが生きる学校行事・学級活動の設定」

　事例では，運動会を成功させるための話し合いを通じて学級づくりが促された経過が報告された。教師は，「自分たちでまとまる」ことを願い運動会を位置づけた。「男女間がバラバラで個人が自分勝手を言う学級の実態」があり，なかなかまとまらない状態があった。このことを踏まえて，教師は緊急学級会議を開いた。この学級会は，子どもたちの本音（今一人一人が考えていること）を述べさせるために開き，みんなが自分の思いを語り，話し合う場となった。このことで「応援方法についてみんなで考える機会が増え，互いのよいところを生かしながら準備をすることができた」。

　この事例から学級の実態に課題を感じ，「互いの考えを理解し合い（他者理解），協働する学級」を成長目標に据えた教師の意図的な運動会への取り組みと展開がうかがえる。

　この取り組みを整理すると，まず，①成長目標（どんなクラスにしたいか）を立て，②子どもの発想（アイディア）を引き出す場を設定し，③互いの発想を生かした協力（協働）が生まれる場を位置づけている。

　さらに，取り組みが結果と結びつき，個々のアイディアや集団の協働によって，目に見える「生活改善」や「運動会での達成感」が生み出されている。これらは，「学級づくり」という視点と強く結びつき，目標とする3月の学級の姿に向けた集団発達の大切な場として位置づけられている。

ⅲ）「求められる教師のかかわり」＜教師の「Want」＞

　学級での遊びや子どもの楽しみを通して，仲間意識を高め，学級づくりをすすめる教師の省察力が事例から抽出された。

　事例では，ゲーム大会を学級の年間計画の中に何回か位置づけ，それに向けて子どもたちが自分たちで計画して休み時間に楽しみながら練習する姿が報告された。「男女混合でいろんな友達と接する機会が多く，私にとってはとても楽しかった」「昼休みに，自分たちで絶対に集まって練習したり，遊んだりしていた」と記述されている。

　「子どもは，もともと体を使った遊びを好み，その中で友達のとの関係性を育む」という前提をもって「遊び」「楽しみ」の場を学級生活の中に意図的に設定している。このとき，教師が遊びや楽しみを子どもと共有するということが子どもにとって教師との関係を構築し，教師や大人に対する信頼感の醸成につながる。「学級の集団発達を促すために求められる教師のかかわり」として見出された。

　以上，「子どもの発想が生きる自律的活動の場の意図的設定」について資料6にまとめた。

2．教師の思考パターンの特徴

　ここまで，「省察の過程」に基づいて，それぞれ①『気づく力』②『分析する力』③『解決し，成長を促す力』という形で段階に応じて，整理してきた。その中でそれぞれの段階で発揮される省察力の特徴が明らかになってきた。

　ここで，省察力が豊かな教師がどのような思考パターンをもって子どもの実態を読み取り，課題解決や成長に結びつけているのかを再構成してみる。つまり，「省察の過程」に応じて段階ごと教師の省察力の特徴をとらえてきた見方を，もう一度一つずつの事象ごとでよさや問題への①『気づき』から②『分析』，③『解決と成長の促し』という一連の思考としてつなぎ合わせ再構成して，その特徴を捉え直そうということである。

　つまり，教師が子どもと対峙するときにどのようによさや問題を読み取り，そのことを分析し，そして打開策へ結びつけているのか，一連の省察力の発揮の仕方の特徴を改めて整理することである。そのパターンを明らかにすることで教師の省察力の特徴をより鮮明に示すことになると考えたからである。

　その結果，『省察力の豊かな教師の思考パターン』として大きく４つの特徴を抽出した。また，教師として『あってはならない対応行動』，『しなくてはならない指導行動』，さらに教師として『求められる対応行動』についてそれぞれ，「教師の『Don't』『Must』『Want』」として記述した。

　また，これら省察に係る教師の４つの思考パターンを資料７にまとめ，資料８～１１にその内容を示した。

（１）問題発見解決型思考
１）「問題への気づき」
＜普段の何気ない生活のなかに潜む子どもの内面的課題への気づき＞

　省察力の豊かな教師は，『子どもたちは日々の生活の中で，思わぬ行為や非道徳的な行為を行うことがある』という前提をもって子どもたちの生活の様子を読み取り，子どもたちの些細なやりとりの中に潜む「問題」や「危険」に気づき，抽出することができる＜<u>危機管理の目</u>＞。

　その特徴は，個の問題の読み取りと集団の問題の読み取りのそれぞれの視点として抽出された。

　　個の問題の読み取りの視点‥‥‥人間関係・規範意識；不安，不満，わがまま（自分勝手）「心の歪み」

　　　　　　　　　　　　　　　　努力；怠慢，怠惰，「自律心・自己効力感の低下」

　　集団の問題の読み取りの視点‥‥歪んだ人間関係；強い者の不当なわがまま，弱い者の不当な扱い

　　　　　　　　　　　　　　　　＜メルクマール＞特別な配慮が必要な子

　　　　　　　　　　規範意識の低下；ルールが守られない，欲求や
　　　　　　　　　　利害が優先　，怠慢，怠惰
　　　　　　　　　　＜メルクマール＞掃除を怠ける，宿題の不揃い等

　また，個や集団に潜む問題への気づきをより確かに行うために「見えにくい子どもの内面」がとらえられるように，日常生活の読み取りの他に「日記」や「宿題等の提出の様子」そして，「朝の会の健康観察」等，全員の子どもの状態を把握するためのツールを設定している。

２）「原因の分析」
＜抽出した問題の状況の確認とそのための情報収集，慎重な原因の探索＞

　気づいた（表面化した）問題に関して一面的な情報によって，短絡的に原因を判断せず，多方面からの慎重な情報収集を試みる。

　そのために様々な領域へ省察（省察の広さ）をかけ，それぞれの領域について行動レベルから内面レベルまで省察（省察の深化）し，総合的に分析して原因を探索する（構造的把握）。

３）「解決し，成長を促す」
その１＜子どもの内面的変容を伴った行動変容を可能にする打開策＞

　問題となる行動を短絡的に制御するように強制する指導は行わない（行動制御型指導）。

　子どもの内面の変容を重要視し，価値や正義感への気づき等，内発的な動機を生むための打開策を生成する。

　問題となった行動とは，全く違った次元（その子のよさの自覚化等）からアプローチし，結果として問題解決を促す。

　問題となる行動の背景やその理由を傾聴し，内面を整理することによって問題の自覚化を促す。また，本人に対して「受容」と「共感」を基本として対応し，内面の安定とこの子自身の問題解決への意欲化を図る。

４）「解決し，成長を促す」
その２＜学級全体の問題としてとらえ直し，集団発達と連動させた打開策＞

　問題について本人だけでなく，「学級全体の問題としてとらえ直す」ことを促し，学級集団で問題解決に向けた取り組みを展開する。

　このとき，問題となる行動について話し合い，共通の価値を創り出すことによって問題となる行動の排除を促す。また，互いの考えを「傾聴」し合うことによって他者理解を進める。

　その後も互いの個性を発揮できる場面を設定し，自信の回復を促し，集団の中の

居場所や居心地のよさを具現化していく。

　これら厳しい問題を抱えた子どもと対峙するときも，教師の根底に『子どもの問題解決能力』を信じ，努力を惜しまない使命感がある。

（２）よさの発見，価値づけ・勇気づけ型思考

１）「気づき」＜日々の子ども同士の営みのなかに内在する価値ある行為への気づき＞

　省察力の豊かな教師は，『子どもたちは，日々の生活の中で大人もかなわないような「優しさ」「思いやり」「正義感」を感じる行為等，価値のある行為を行っている』という前提をもって子どもたちの生活の様子を読み取り，子どもたちの些細なやりとりに内在する「よさ」に気づき，抽出することができる＜<u>宝探しの目</u>＞。

　このようなよさへの「気づき」をより確かに行うために「見えにくい子どもの内面」がとらえられるように，普段の読み取りの他に「日記」や「宿題等の提出物」そして，「朝の会の健康観察」等，全員の子どもの状態を把握するためのツールを設定している。

２）「分析する」＜状況の確認とそのための情報収集＞

　行動の背景や友達関係等の状況に関する情報を収集する。

　行動に内在する価値を見抜き，行動を生み出している要因を探索する

３）「価値づけ，勇気づけし，成長を促す」＜行動の価値づけと価値の内在化の促進＞

　価値ある行動に焦点を当て，「行動」に内在する価値を学級全員で確認し合う（行動の価値づけ）。

　そして，価値づけた行為が個々の子どもに汎化し，学級文化として根付かせるようにする。そのことによって，子どもたち自身で互いの「よさ」を見つけられるようにし，互いの行動を価値づけ，子ども相互のかかわりの中で集団としての発達を可能にする。

　さらに，「おたより」等で家庭とその価値を共有することで，相乗効果が期待される。

（３）課題設定型思考

　『子どもは，活動の目的（意味・意義）と内容，方法が分かったとき，自ら活動することができ，生活改善，協働的活動，利他行為等，社会性を高める行為を進んで行う存在である』という前提をもって学校行事や学級活動，係活動を自主的・自治的に進められるように設定する＜<u>自立（律）促進</u>＞。

①成長目標の設定

　学級集団や個々の子どもの状況から課題を抽出し，目標とする 3 月の学級の姿と重ね合わせて成長目標を設定する。

②計画立案

　子ども自身の発想（アイディア）を引き出し，子どもたち自身で計画を立案できるように支援する。

③遂行過程

　子ども自身の創意工夫が発揮され，協働しながら目標に向かって活動できるように支援する。

④成果

　取り組みの結果としての「生活改善」や「行事での達成感」を子ども自身が体得できるように支援する。

⑤価値づけ・勇気づけ

　結果の価値づけによって，個の成長と集団発達の自覚化を促す。

　そして，勇気づけながら生活や次の活動・行事への取り組み意欲の増進し，自律的な学級集団の発達を促していく。

（４）個々の能力や可能性を最大限引き出すための指導の徹底型思考

　個々の子どもはそれぞれ能力や可能性を持った存在である。しかし，本人の怠惰や指導の怠慢によって十分に能力開発されないまま個の中に埋没してしまっていることが往々にしてある。

　『**個々の能力や可能性を読み取り，（個に応じた）指導の徹底の場を設定し，潜在的な能力や可能性を最大限に引き出そうとする思考**』をもって指導に当たる。

　個に応じた指導の徹底を図る教師の思考過程は次のようである。

①個々の子どもの本来もつ能力や特性を見抜く

②（個に応じた）指導の徹底

　・怠惰を認めない指導，引き出す指導

　・妥協しない指導

③『学び方』や基礎・基本の習得の徹底（鍛錬場面）

　・努力と成長の価値づけ・勇気づけ

④『自律的な学び』の場（自律的成長；自主的学習場面）

　・自律と成長の価値づけ・勇気づけ

　教師の根底に『子どもの潜在能力や可能性』を信じる高い期待感がある。したがって，「学び（子）の怠惰」を許さず，「指導（教師）の妥協」を否定する。そこには強い意志をもって子どもと対峙し，教育の準備を怠らない教師としての姿勢がある。

そして，生み出された成果について，積極的に努力を価値づけ，成長を勇気づける。

　このときの教師は個人内評価を重視し，その子にとっての努力と成長を見届け，価値づけるのである。ここでの積極的な勇気づけの評価が「自己効力感」の育成につながる。生涯学習につながる足腰の強い指導の実現を目指すものである。

（5）教師の『Don't』『Must』『Want』

1）教師の『Don't』

　教師と子どもの営みの中で，教師の省察力が発揮されなければならない場面で発揮されなかったり，省察力の感じられない指導が行われたりすることによって，子どもに対して「負の社会化」を促してしまう。

　それは，「気づきの場面」では次の内容が抽出された。

・課題の過少評価・見過ごし・回避
・個人の悩みの軽視
・子どもの内面を見ようとしない（無関心）
・排他的行為の見過ごし
・危険，健康への注意欠如

　また，「問題に対応する場面」では次のような対応が抽出された。

・行動制御型の指導（内面無視）
・差別的対応・人格否定的な対応
・子どもへの遠慮（保身的理由）による対応の回避
・事実誤認（事実確認なし）の指導
・T－C関係の行き違いの放置

2）教師の省察力と教師の『Must』

　日々の生活の中で，放置されてはならない，その場で明確な指導が求められる場面があることが抽出された。

・命，安全に関することへの指導
・人の心を傷つけるような，人の心にかかわることへの指導

　この「人の心にかかわること」への踏み込んだ指導は，「命」「安全」と同じ水準で重視されなければならない。人の心の傷からは目に見える「血」は流れないが，心的な傷も身体的な傷と同じように「傷害」に当たることを認識しなければならない。目に見えない分，傷ついた子どもへも傷つけた子どもへも慎重な対応が求められることを同時に認識しなければならない。

３）教師の省察力と教師の『Want』

『子どもは，体を使った遊びや楽しいことを好み，友達や先生との関係性を求める』という子どもの特性を踏まえて遊びや楽しみの場を設定する。また，教師がその遊びや楽しみを子どもと共有するということが子どもにとって教師との関係性を構築し，教師や大人への信頼感を醸成することにつながる。

たわいのない遊びの中に，その子の人生を通したエネルギーの充電があり，子どもの頃の遊びの思い出は生涯の宝になることを教師は認識しておかなければならない。近年，遊び方を知らない子ども達も増えてきている。このような状況の中では，教師の役割として子ども同士で遊ぶ場の意図的な設定も含めて，遊びの質まで見届けていくことが求められていると考える。

（６）省察力豊かな教師の思考の特徴

省察力豊かな教師のこれら４つの思考パターンは，それぞれ個別の特徴を有するが，実際の発揮の仕方の特徴は，これら４つの思考が同時展開的に行われているということである。

個や集団の中でいつ発生するかわからない問題を常に警戒する思考と個や集団の営みの中で見逃してはならない価値ある行動（よさ）を見取ろうとする思考が同時に展開し，さらに集団の成長目標を設定して行事や活動を構成し，集団の発達を促そうとする思考が幾層にも絡み合いながら展開しているのである。

また，いったん問題が発生すれば上述の問題解決的な思考を中心的に展開して，ただ問題解決するだけでなく，個や集団の成長にまで結びつけるより有効な打開策を生み出そうとするのである。

さらに，これら思考や行動の根底には，教師の子どもを受容する愛情や問題解決への強い使命感，さらには子どもの成長に対する高い期待があることも省察力が豊かな教師の共通する特徴として取り出された。

Ⅲ．優れた教師の「3つの視座」と「教師への信頼」の教育効果

1．学級の規範と子ども相互の信頼関係を築く優れた教師の3つの視座

　優れた教師の思考を視座の観点から整理すると，3つの教育的視座が抽出された（裏表紙見返し図）。

　<u>第1の視座</u>は，子ども達に，何を，どのようにするのか（内容と方法）を明確に示す，「わかりやすく教える視座」である。子ども達は，活動の内容や方法が明確に示されると意欲的に取り組むことができる。明確な指示・教示をし，子ども達が迷わず学習できるようにする視座である。学級のルールにおいてもルールと根拠を明確に示す導きの視座である（教示（上から）の視座）。

　<u>第2の視座</u>は，子ども達に，自ら課題を設定し，問題解決したり，自治的に生活改善したりする場と時間を保障し，「自ら学ぶ力・自律性を培う視座」である。第1の視座で教師側から教えるべきことを教えた後に，今度は，学びや生活，行事や活動について，どのように進めていくかを子ども達に考えさせ，自己決定の場を与える視座である。子ども達が自分達の学級や学校の文化を自分達で創っていく実感を味わわせる自立（自律）促進の視座である。その際，子ども達に丸投げするのではなく，教師は下支えしながら，自分達で決めさせ，権限と責任を与えるのである（下支えの視座）。

　<u>第3の視座</u>は，子どもと人対人として向き合い「潤いのある信頼関係を築く視座」である。第2の視座を通した子ども達の自学・自治の中で子ども達が発揮した頑張りや優しさをポジティブ・フォーカスで価値づけ，人として大切なことを学び合う視座である（勇気づけの視座）。

　これら3つの視座による教育は，①教えて，②考えさせて・試行させ，③できたことを価値づけ，勇気づける，という一連の教育活動として説明できる。優れた教師は，1時間の授業でも，1つの行事や学級での活動でも，この3つの視座を，ストーリー豊かに展開していることがとらえられる。結果，子ども達に自ら学ぶ意欲や自治的に問題を解決しようとする自律性を高めることにつなげている。まさに，教室の中に「正の循環」を生み出す教育の営みである。

　そして，この3つの視座を通した3ステップ教育の中で，子どもたちは，「やればできる」という自信と，「みんなと助け合える」という相互信頼を高めていくのである。そして，その根底には，教師への信頼があり，集団の活力の基盤を形成しているのである。

2．3つの視座と価値の木モデル
（1）教師の指導上の課題；第1の視座に留まる傾向
　優れた教師が3つの視座をバランス良く展開しているのに対して，日本の多くの

教師は，授業では「教えること」，生活では「指導すること」に傾斜する傾向にある。具体的には，授業においては，チョークとトークの一斉画一型，教え込み型の授業が多く，日常の生活での規範指導でも行動を制御する「上からの指導」が多くなされている。つまり，学習指導でも，生活指導でも「第1の視座に留まる指導」が日常的に展開し，子ども達の自学・自治の場が少なく，自律性が育ちにくい状況にあると言える。この指導傾向は，結果として，子ども達の教師依存の思考を強めることにつながり，自律的な学びや生活を阻害する要因となっていることが読み取れる（ただし，第1の視座も教師として重要な視座の一つである）。

　また，最近の学校訪問での校長先生への聞き取りのなかで，「授業中のしつけ等，きちんとすべきところで踏み込んだ指導できない教師が増えている」という指摘がなされることが多くなってきた。これは，「第1の視座も未成熟」ということを意味する。第1の視座に留まることは問題であるが，第1の視座が未成熟であることは，さらに問題である。

（2）枝葉での対応（行動レベル）；第1の視座に留まる教師の指導の特徴

　第1の視座に留まる教師は，学級で生起する様々な問題に対してすべて教師が軍配をもって指導する傾向にある。例えば，宿題を忘れた子がいる，掃除をなまける子がいるとすると，すべて教師が「～～しなさい」と行動制御型の指導をする。このように生起する様々な問題にモグラたたき的な指導を続けても，学級のゴールである3月になっても，同じように指導をしないとルールを守れないクラスになってしまう。逆に，教師の前ではルールを守るが教師がいないとルールを守れないクラ

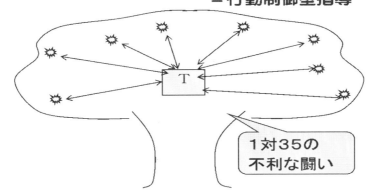

図3　「第1の視座」に留まる教師の特徴

スになったり（表裏行動），教師に反発して，より落ち着かない学級になったりする（負の連鎖）。

　第1の視座に留まる指導は，枝葉の戦いを繰り返し，子どもの教師への信頼も高まりにくく，1対35の不利な戦いを繰り返すことになる。

（3）根幹での対応（価値レベル）；第2，第3の視座をもつ教師の指導の特徴

　一方，第2の視座，第3の視座をも兼ね備えた教師は，生起する問題を一つ一つ丁寧に取り上げて，問題の原因やなぜそうするのかという価値に戻って考えさせる（第2の視座）。例えば，掃除をなまける状況が生まれたときには「なぜ，掃除をするのか」を子ども達と考える。けんかが起こったときには，互いの言い分を聞き合い，その原因を確認し合う。

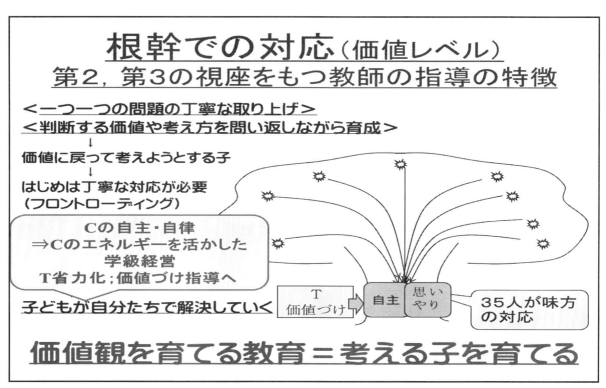

図4　第2，第3の視座をもつ教師の特徴；『価値の木モデル』

　4月，5月の学級経営の初期の段階で，価値に戻って考える場を重ねていくと子ども達が「何が大切なのか」ということを考えるようになる。子ども達が問題の原因や価値に戻って考えるクラスになると，教師の方は，「よく考えたね」「そういうことが人として大切なことだね」というように価値づけ役になる（第3の視座）ことが増えていく。子ども達は，教師から価値づけ・勇気づけられることで自信やクラス効力感を高め，さらに自律的な学びや生活の自治力を高めるようになるのである。また，教師が価値づけ役になることで，子ども達の教師への信頼も高まり，教師の指示もスムーズに通り，教師の学級経営にかけるエネルギーは省力化されてい

く。

　学級経営の初期段階で，丁寧に生起する問題を取り上げて価値観を育てることは，ある意味エネルギーが必要なことであるが，初期の段階で「何が大切か」という価値に戻って考える子ども達を育てる（フロントローディング）と，子ども達の自学・自治が進み，ある時期から教師に求められるエネルギーは低減していくのである。このような教師と子どもの営みの中で，子どもの成長が促され，まとまりのある学級づくりがすすめられるのである。

3．子どもの「教師への信頼」が生み出す教育効果

　優れた教師の3つの視座に基づく，3ステップ教育が，子どもの健やかな成長を促すとともに，教師に対する信頼を築くことを示してきた。子どもが感じる「教師への信頼」は，学級経営にどのような影響を与えているのだろうか。その実態を子ども達へのアンケート調査から探ってみた。

　学校教育を取り巻く社会的環境の変化のなかで，人と人とのつながり（信頼関係）の希薄化がすすみ学校教育にも大きな影響を及ぼしていることが考えられた。つまり，個々の子どもの人と人とのつながり感（信頼感）の不足が，その子の社会性の醸成や学力にまで影響を及ぼしていることが推察された。逆に，教師と子どもの信頼を構築することにより，子どもの自己効力感，規範意識，友達との親和関係を向上させることにつながるのではないか，という仮説のもとにX県Y市Z区おいて調査を実施した（Y市教育委員会並びにZ区の校長会の協力を得た）。

　具体的には，まず，①自分が感じる「教師への信頼」にかかる意識の実態を捉えること，そして，②「教師への信頼」が，子どもの学びや生活の内実（学校生活の質）とどのような関係があるのかを明らかにすることを目的とした。Z区の公立小学校30校の児童（4〜6年生）約6000人と中学校15校の生徒（1〜3年生）約5000人を対象に質問紙調査で実施された。回答は4件法を用いた。

　子どもの「教師への信頼」がもたらす教育効果として，以下の点が抽出された。

①「教師への信頼」と個の成長

　子どもが感じる「教師への信頼」が高いと，①「自己効力感（やればできる）」，②「向学校意識（学校は楽しい）」，③「規範意識（ルールを守る）」，④「友達との関係（友達信頼）」が高いことが相関分析から捉えられた。

　つまり，子どもの「教師への信頼（つながり感）」が高ければ高いほど，①〜④のすべての項目において高くなり，「個々の子どもの成長」に高い教育効果が期待されることが明らかになった。特に，子どもの「教師への信頼」の高まりが，子どもの「規範意識」と高い相関関係にあることが捉えられ，興味深い結果が得られた。

②「教師への信頼」と集団の発達

　さらに，「教師への信頼」が高いと，⑤「学級の規範（みんなルールを守っている）」，⑥「学級の関係（支え合えるクラス）」，⑦「クラス効力感（いいクラスだ）」が高いことも捉えられた。

　つまり，子どもの「教師への信頼（つながり感）」が高ければ高いほど，⑤〜⑦のすべての項目において高くなり，「集団としての発達」においても高い教育効果が期待されることが明らかになった（以上，表7・表8）。

表7　子どもの教師への信頼と効力感等との相関（小学生）

	①自己効力感（自分）	②向学校意識（自分）	③規範意識（自分）	④友達との関係性（自分）	⑤規範意識（学級）	⑥関係性（学級）	⑦効力感（学級）
子ども→教師〈信頼〉	.489**	.524**	.413**	.494**	.409**	.494**	.552**

表8　子どもの教師への信頼と効力感等との相関（中学生）

	①自己効力感（自分）	②向学校意識（自分）	③規範意識（自分）	④友達との関係性（自分）	⑤規範意識（学級）	⑥関係性（学級）	⑦効力感（学級）
子ども→教師〈信頼〉	.475**	.479**	.381**	.484**	.355**	.431**	.471**

　学級経営の良質化の重要な要素に目に見えない子どもが感じている「教師への信頼」が根底にあることが捉えられた。そのためには，優れた教師がもつ「3つの視座」を意図的に駆動させ，ポジティブ・フォーカスで子どもたちの学びでの頑張りと生活での優しさを価値づけ，勇気づける「勇気づけ教育」が有効に機能することが捉えられる。

4．子どもの「学習意欲」と「生活規範」を高める教師の指導の特徴

　Z区の子どもの学びや生活での行動データと各学級担任（教師）のデータをつなぎ合わせて（マージファイル），子どもの「学びへの意欲」と「生活の安定（規範意識）」を高める教師の意識や指導の特徴を分析した。学習意欲と生活規範が高い学級づくりをする教師の特徴として，以下の要素が抽出された。

①「子どもへの高い信頼」「教育的愛情」「ポジティブ・フォーカス」［勇気づけ教育］

　教師自身が自分のクラスの子どもへの信頼を感じ，高い子どもへの教育的愛情を持って指導に当たっていることが捉えられた。子どもの学びでの頑張りや人のことを大切にした生活での行動をポジティブ・フォーカスで捉え，価値づけ・勇気づけする教師としてのポジティブな「まなざし」の特徴が捉えられた（第3の視座）。

②「聞くことの徹底」

　健全な他者意識（人のことを大切にした生活）を高めるために「人のことを大切にして聞く」指導について，こだわりをもって指導していることが捉えられた。「基本的生活習慣」と「人のことを大切にした生活」の凡事徹底を大切にした規範指導が抽出された（第1の視座）。

③「目標の共有」「自律的な生活改善」「子どものアイディアを生かした活動」

　子どもと「目標を共有」し，子ども達自身が自律的・自治的に規範を醸成し，子ども達のアイディアを生かして活動を構成する，教師の下支えの指導・伴走型の指導の特徴が抽出された（第2の視座）。

④「自己開示」「間違い・失敗を謝る」

　人対人として子どもと向き合い，自分の思いや考え，これまでの教師自身の経験等を語る「自己開示」や，教師自身が失敗したり，間違ったりしたときに「謝る」ことが，子どもとの高い信頼を築く教師の特徴として抽出された。

5．不登校児童・生徒を生み出さない教師の特徴

　現在，筆者は「不登校児童・生徒を生み出さない教師の特徴」を抽出する研究を進めている。

　不登校の要因として，自尊感情の低さ（自己不信）と人間関係の歪みがもたらす他者不信がある。つまり，本人がもつ素因と学級集団や友達関係等，他者からもたらされる誘因である。この二つが重なることによって負の相乗効果が駆動し，負の連鎖の末に不登校の子が生み出される。つまり，不登校の改善のためには，自尊感情の醸成と健全な学級文化の醸成の両面が同時になされることが求められる。

　上述の子どもたちの頑張りや優しさを引き出す教師の特徴と「不登校の子を生み出さない」教師の特徴は，大きな重なりがある。

　まだ，研究の過程であるが，不登校の子を生み出さない教師の特徴として，いくつかの要素が抽出されている。

　例えば，自尊感情が低い子どもへの意図的な省察を行い，その子の安心づくりを

大切にしている。日常の小さな言葉かけや役割（居場所）の付与等，個別の配慮を
している。

　また，日常の生活の中で，笑いや笑顔を大切にし，教師自身が「ごめんね」と言
う等々，学級全体の明るさや安心づくりを大切にしている。

　この教師自身が間違いや失敗を自ら謝罪することで，「人は失敗する存在である。
失敗があるから成長がある」という「間違い」や「失敗」を大切にする価値観を醸
成している。

　また，「間違っても大丈夫」，「分からなくても大丈夫」という安心感とともに，「分
からないから学んでいる」という，「なぜ学ぶのか」という学習観も醸成している。

　これは，自尊感情が低い子どもを救うだけでなく，学級のすべての子どもの安心
感を醸成し，間違いや失敗に対する攻撃的な言葉や行動を和らげ，潤いのある学級
文化を醸成する効果をもたらす。

　一方，友達への排他的な言動へは毅然として踏み込み，人として大切な価値を共
有するという特徴も抽出されている。

　「不登校児童・生徒を生み出さない教師」は，省察力を駆動させ，日々の教育の
営みを通して，子どもの自尊感情の醸成と集団の健全な文化の醸成を同時に実現す
ることに腐心していることが捉えられる（久我，2019）[7]。

－参考文献－

（１）学級経営研究会「学級経営の充実に関する調査研究」，2000

（２）佐藤　学　「カリキュラムの批評」世織書房　1996

（３）千々布敏弥「教師の暗黙知の獲得戦略に関する考察－米国における優秀教員認定制
　　度に着目して－」『国立教育研究所紀要』第 134 集，111-125，2005

（４）佐古秀一「学校の自律と地域・家庭との協働を促進する学校経営モデルの構築に関
　　する実証的研究」『平成 15 年度～平成 17 年度科学研究費補助金（基盤研究（C））研究
　　成果報告書』　2006

（５）ライル M.スペンサー，シグネ M.スペンサー『コンピテンシーマネジメントの展開－
　　導入・構築・活用』　生産性出版，2001

（６）Sparks-Langer, G.M., Simmons, J.M., Pasch,M., Colton,A., &Starko,A. Reflective
　　Pedagogical Thinking.　How Can We Promote It and Measure It? *Journal of Teacher
　　Education* November-December Vol.41,No.4,23-32，199

（７）久我直人『潤いのある学級・学校づくりの理論と実践』　ふくろう出版，2019

資 料 版

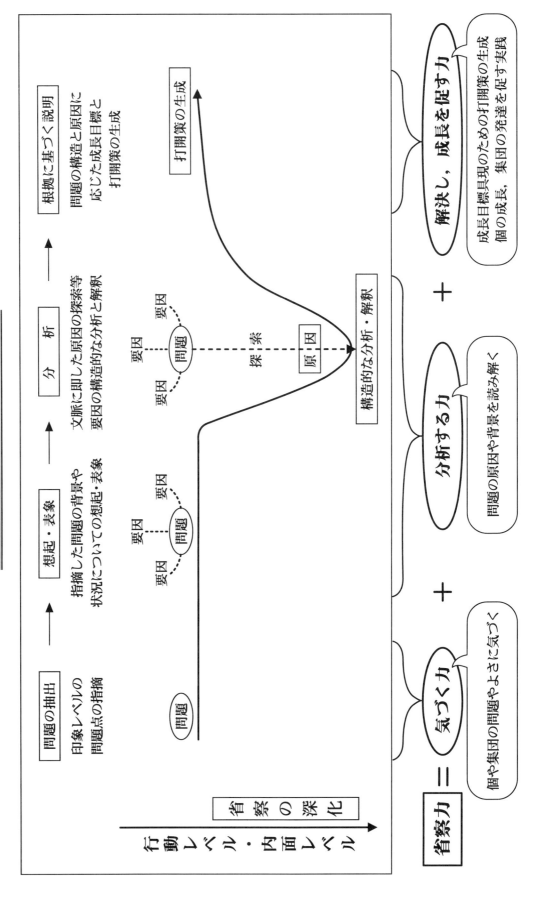

「省察の過程」と省察力

資料2

よさ・問題の発見・抽出（気づき）　教師の感性

配慮を必要とする子どもへの意図的省察

特別な支援を必要とする子、気になる子への意図的省察

- 全員が個別の特性をもった存在であるという前提に立った見方
- 集団になじみにくい子への意図的な省察
- シャイネスの内面への意図的な省察
- 学習遅進児の学びや内面への意図的な省察
  （「勉強ができるようになりたい」という気持ちへの気づき）→
  個に応じた指導の必要性への気づき（要求水準の変更）
- 他者からは些細なことも本人にとっては重大な問題であること
  への気づき
- 子どものストレスへの気づき

Don't
- 課題の過少評価・見過ごし・回避
- 個人の悩みの軽視
- 子どもの内面を見ようとしない（無関心）
- 排他的行為の見過ごし
- 危険（安全）、健康への注意欠如

Must
- 人の心にかかわることへの気づき
- 命、安全に関することへの気づき

普段の生活の中での省察

個々の子どもの状況（よさ・問題）を把握する場の意図的設定

- 日記指導（行動や内面の把握；内面に働きかけるコメント）
- 宿題（学習状況、生活習慣の確認）
- 朝の会の健康観察（毎日、全員と目を合わせる場の設定）
- 帰りの会
  「よいこと見つけ」（互いのよい行動の見取りと価値づけ）
  「みんなに注文」（いやな思いやよくないと感じたことを伝え合う）

学級の雰囲気や言動から集団や個の状態を読み取る
- 個の状態
  ▲安全、健康、人の心にかかわることへの注意
  ○利他行為、努力等
- 集団の状態
  ▲人間関係の歪み
  強い者のわがまま、弱い者の不当な扱い
  ▲規範意識の低下
  掃除を怠ける者、提出物の不揃い等
  ○利他行為、規範意識の高い行動等

多面的な省察とその深化（行動レベル→内面レベル）を通した原因の探索

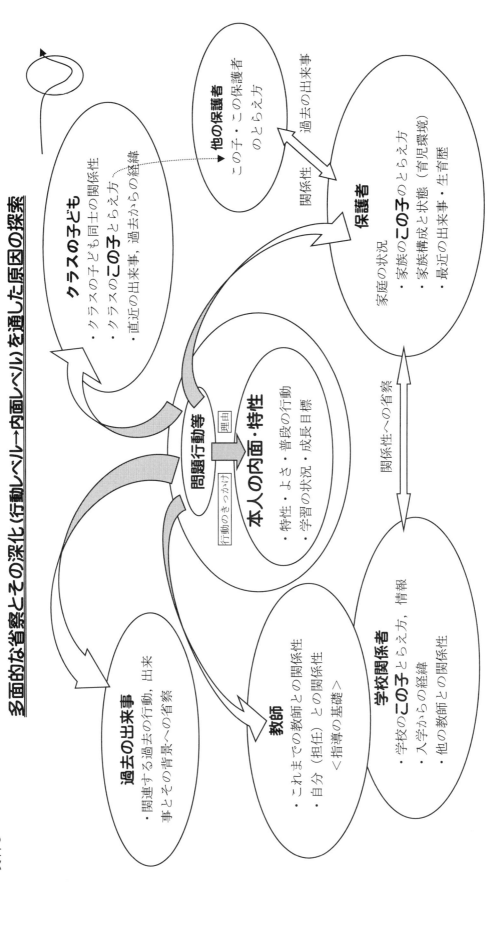

クラスの子ども
・クラスの子ども同士の関係性
・クラスの**このこ**とらえ方
・直近の出来事，過去からの経緯

他の保護者
→**このこ**・この保護者のとらえ方
過去の出来事

保護者
家庭の状況
・家族の**このこ**とらえ方
・家族構成と状態（育児環境）
・最近の出来事・生育歴

問題行動等

本人の内面・特性
・特性・よさ・普段の行動
・学習の状況・成長目標

理由

行動のきっかけ

過去の出来事
・関連する過去の行動，出来事とその背景への省察

教師
・これまでの教師との関係性
・自分（担任）との関係性
<指導の基礎>

学校関係者
・学校の**このこ**とらえ方，情報
・入学からの経緯
・他の教師との関係性

関係性

関係性への省察

資料3

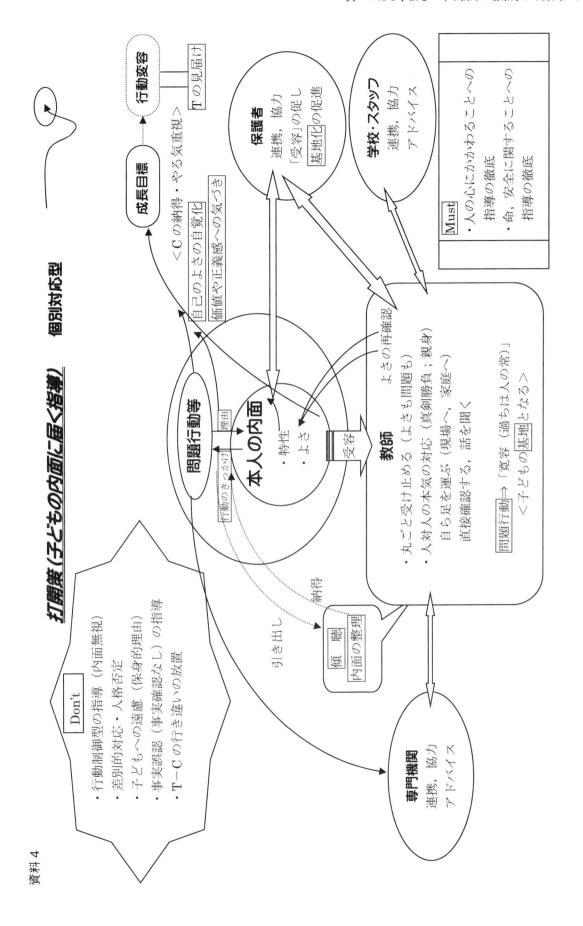

資料4

資料5

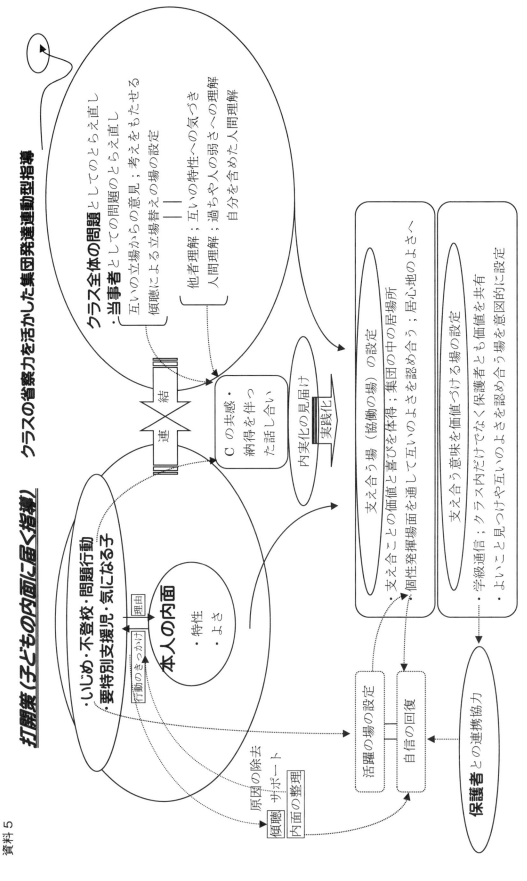

50

資料6

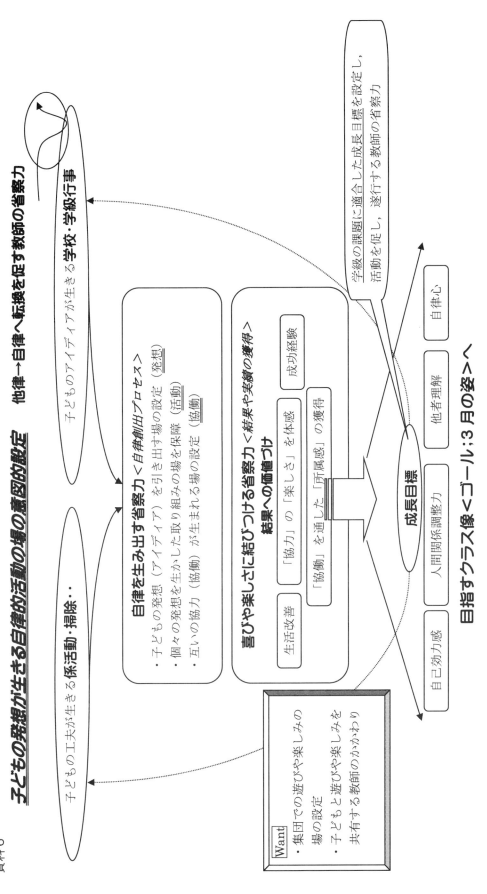

子どもの発想が生きる自律的活動の場の意図的設定　　他律→自律へ転換を促す教師の省察力

子どものアイディアが生きる学校・学級行事

子どものエ夫が生きる係活動・掃除…

自律を生み出す省察力＜自律創出プロセス＞
・子どもの発想（アイディア）を引き出す場の設定（発想）
・個々の発想を生かした取り組みの場を保障（活動）
・互いの協力（協働）が生まれる場の設定（協働）

喜びや楽しさに結びつける省察力＜結果や実績の獲得＞
結果への価値づけ

生活改善

「協力」の「楽しさ」を体験

「協働」を通した「所属感」の獲得

成功経験

成長目標

自己効力感

人間関係調整力

他者理解

自律心

目指すクラス像＜ゴール；3月の姿＞へ

Want
・集団での遊びや楽しみの
　場の設定
・子どもと遊びや楽しみを
　共有する教師のかかわり

学級の課題に適合した成長目標を設定し、活動を促し、遂行する教師の省察力

＜省察力を発揮する優れた教師の４つの思考パターン＞

問題発見解決型思考：日々の生活のなかに内在する問題を抽出し、子どもの内発的な改革へ結び付けていこうとする思考

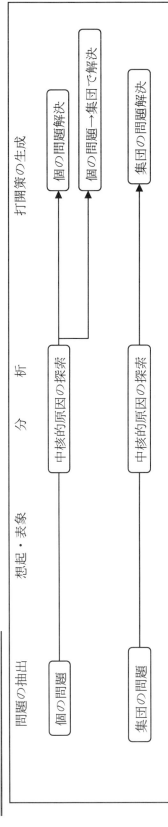

よさの発見、価値づけ型思考：日々の生活のなかで発揮されている子どものよさを抽出し、それを価値づけ、具体的な生活改善や道徳的価値の陶冶に結び付けて行こうとする思考

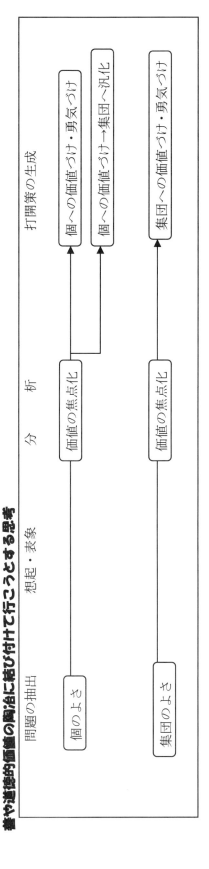

課題設定型思考：学級の課題に適合した成長目標を設定し、学校行事や学級活動を自治的で協動的に展開させる。生活改善や成功経験に結び付けることにより自己効力感や人間関係調整力等を育み、さらに集団発達を促そうとする思考

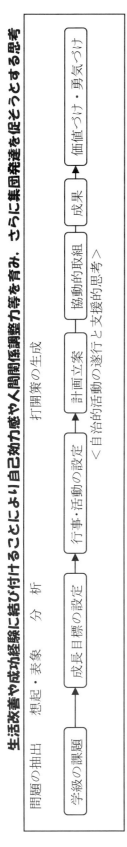

問題の抽出　想起・表象　分　析　打開策の生成

学級の課題 → 成長目標の設定 → 行事・活動の設定 → 計画立案 → 協動的取組 → 成果 → 価値づけ・勇気づけ

＜自治的活動の遂行と支援的思考＞

個々の能力や可能性を最大限の引き出すための指導の徹底型思考：個々の能力や可能性を読み取り、（個に応じた）指導の徹底の場を設定し、その子の能力や可能性の自覚を最大限に引き出そうとする思考

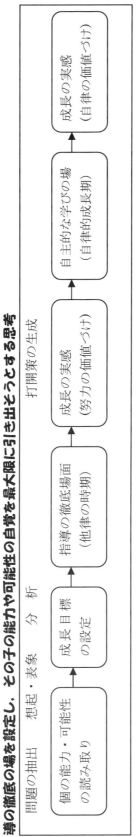

問題の抽出　想起・表象　分　析　打開策の生成

個の能力・可能性の読み取り → 成長目標の設定 → 指導の徹底場面（他律の時期） → 成長の実感（努力の価値づけ） → 自主的な学びの場（自律的成長期） → 成長の実感（自律的価値づけ）

＜省察力を発揮する優れた教師の４つの思考パターン＞

その１

問題発見解決型思考

①問題の発見・抽出

普段の何気ない生活の中に潜む子どもの内面的課題への **気づき**

危機管理的な目で見る

「**子どもたちは日々の生活のなかで、思わぬ行為や非道徳的な行動を行うことがある」** という前提をもって子どもたちの生活の様子を観察し、子どもたちの些細なやりとりやその中に潜む「問題」や「危険」に気づき、抽出することができる

日常生活場面（登校の様子から下校の様子まで）
日記の内容
宿題等の提出物

| 個の問題 | …内面の不安定；不安、不満、心の歪み 自律心・自己効力感の低下；怠慢、怠惰 |

| 集団の問題 | …歪んだ人間関係；強い者の不当なわがまま、弱い者の不当な扱い ルールが守られない、欲求や利害が優先 規範意識の低下；掃除を怠ける、宿題が不提出等 |

②状況の確認・情報収集

短絡的な判断をせず、多方面からの情報収集を試みる

そのときの最悪のシナリオを描きながら慎重な情報収集を展開する

学校組織・学年部への相談、家庭との連絡、子どもへのリサーチ等、情報収集と共有を組織的に図る

Don't

・課題の過少評価・見過ごし・回避
・個人の悩みの軽視
・子どもの内面を見ようとしない（無関心）
・排他的行為の見過ごし
・危険（安全）、健康への注意欠如

［正義や価値に基づかない集団生活への危機意識］
→学級崩壊の兆しへの気づき

⇅

○人のことを大切にした生活
○自主的・自律的な学習への取組

③**原因の探索**

様々な領域へ省察をかける（省察の広さ）
行動レベルから内面レベルまで、多方面からの情報を総合的に分析して、慎重に原因を探求する（省察の深さと構造的把握）

Don't
・行動制御型の指導（内面無視）
・差別的対応・人格否定
・子どもへの遠慮（保身的理由）
・事実誤認（事実確認なし）の指導
・T－Cの行き違いの放置

④-1 **打開策の生成**　個の問題解決　＜子どもの内面の変容を伴った行動変容を可能にする打開策＞
短絡的に行動変容を強要しない（行動制御型指導）
子どもの内面の変容を重要視し、価値や正義感への気づき等、内発的な動機を生むための打開策を生成する
問題となった行動とは、全く違った次元（その子のよさの自覚化等）からアプローチし、
結果として行動変容を促す
「受容」と「関係性構築」を基本とし、内面の安定と意欲化を図る指導（対応）行動をとる
＜大人への不信感の払拭＞

④-2 **打開策の生成**　個の問題→集団での解決　＜クラス全体の問題としてとらえ直し、集団発達と連動させた打開策＞
個の改善に留まらず、クラス全体の問題としてとらえ直させる
個の問題をクラス全体に投げかけ、子ども相互の意見交換等を通して当事者意識を高める
互いの意見や思いを傾聴することにより「他者理解」を促し、相互理解に基づく集団としての発達を進める
＜協働の場の設定＞→＜個の活躍の場＞→＜自信の回復＞

④-3 **打開策の生成**　集団の問題解決　＜クラス全体の問題を個々の問題としてとらえ直し、個の改善性を集団発達に結びつける打開策＞
クラス全体の問題の自覚化と個にとっての負の影響や不利益の自覚の必要性を高める
子ども相互の意見交換等を通して当事者意識と改善の必要感を高める
子どものアイディアに基づく生活改善への具体的な取組　→　正義や価値に基づいた生活改善・行動変容の実感に結びつける

＜教師の根底；使命感＞厳しい困難性を抱えた子どもと対峙することでも、
教師の根底に『子どもの行動変容』を信じる強い使命感がある

Must
・人の心にかかわることへの指導の徹底
・命、安全に関することへの指導の徹底

『聞く』ことの指導の徹底
人のことを大切にした聞き方

その2

よさの発見、価値づけ・勇気づけ型思考

①よさの発見・抽出

日々の子ども同士の営みのなかに内在する価値ある行為への**気づき**

**宝探しの目で見る
ポジティブ・フォーカス**

「子どもたちは日々の生活のなかで、自分の「感性」を働かせて「優しさ」「思いやり」「正義感」を感じる行為等、道徳的価値のある行為を行っている」という前提をもって子どもたちの生活の様子を感性豊かに観察し、子どもたちの些細なやりとり等の中から「よさ」に気づき、抽出することができる

日常生活場面（登校の様子から下校の様子まで）

日記の内容

宿題等の提出物

個の価値 …人への思いやり行動
…人知れず努力する姿

集団の価値 …集団として支え合う行動（関係性）
…規範意識の高まりが感じられる集団としての行動（規範意識）

②状況の確認・情報収集

行動の背景や友達関係等の状況に関する情報を収集する

行動を生み出している個の特性や互いへの思いやり等、内面を見抜く

個および集団の「行動」（利他行動等）とその背景にある「内面」（思いやり等）の「価値」をつなげる

③-1 価値づけ・勇気づけ　個への価値づけ・勇気づけ　＜全体の場、個人的な場で価値づける＞

個の価値ある行動に焦点を当て、「行動」のよさとそこに内在する「価値」を分かるように伝え、行動を強化する

個の価値ある行動が、クラス全体に波及し、学級集団文化として根付かせるようにする

子どもたちの納得を得るような評価をし、行動を汎化させる

子どもたち自身で生活に内在する互いの「よさ」を見つけさせ、価値づけ、汎化させる

＜人や集団にかかわること＞思いやりのある行動、掃除、係り活動等へのアイディア豊かな、あるいは地道な自主的な取組

＜自主的な頑張り＞地道な努力＞自主的な勉強や運動への取組や頑張り

［「個人内評価」を重視した個の成長の見取りと価値づけ］

③-2 価値づけ・勇気づけ　集団への価値づけ・勇気づけ　＜全体の場で価値づける＞

利他的行動、規範意識等を感じる価値ある行動に焦点を当て、「行動」のよさとそこに内在する「価値」を明示し、行動を強化する

集団の価値ある行動が汎化し、クラス全体に文化として根付かせるようにする

子どもたちの納得を得るような評価をし、行動を汎化させる

子どもたち自身で生活に内在する集団としての「よさ」を見さし見つけさせ、価値づけ、汎化させる

＜人や集団にかかわること＞大勢が集まった場で静かに待てる、聞ける、行動できる等、集団を意識した行動や生活

＜クラスの目当て＞向けた取組＞運動会やマラソン、漢字勉強等への励まし合いながらの取組や頑張り

その3

課題設定型思考

学級の課題に適合した学校行事、学級活動の意図的な設定と展開

学級や子どもの状況から課題を抽出し、求める**成長目標**を設定する（ex 自己効力感、自律心、人間関係調整力、他者理解・・・）

→ 成長目標を見通して活動して日常を見通し、意図的に遂行する教師の省察力

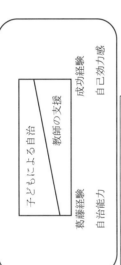

子どもによる自治
教師の支援
葛藤経験　成功経験
自治能力　自己効力感

Want
子どもはもともと体を使った遊びや行事を好む存在
・「遊び」「楽しみ」の場を通した集団発達の促進
・子どもと遊び遊びや楽しみを共有する教師のかかわり

「**子どもは、活動の目的（意味・意義）と内容、方法が分かったとき、自ら活動することができ、生活改善・協働的活動・利他行為等、結果として社会性を高める行為を進んで行う存在である**」という前提をもって行事等を設定する。

そのために教師は、設定した「成長目標」を意識し『子ども自身が見通しをもって日常生活、学級活動・学校行事等へ取り組めるように支援すること』が子どもの能力を引き出す鍵となる。

子どもの自主を生むウェルビーイングの条件＜自己決定性（自分で決めた）、有能性（自分にもできそうだ）、関係性（先生,友達と共に）＞
子どもの内発的動機付けの3段階＜意識化→意欲化→実践化＞

① 成長目標の設定；クラスや個々の子どもの状況から課題を抽出し、目標とする3月の学級像と重ね合わせて成長目標を設定する。
② 行事・活動設定；子どものアイディアを生かし、協力して活動する場を意図的に設定し、成長目標の達成を目指す
③ 計画立案；子ども自身の発想（アイディア）を引き出し、子どもたちのニーズに沿った計画を自分たちで立てさせる
④ 協働的取組；子ども自身の創意工夫を生かし、協働的な人間関係を育みながら目標に向かって活動できるように支援する
⑤ 成果体得；結果としての具体的な「生活改善」や「達成感」「充実感」が体得できるように支援する
⑥ 価値づけ；活動なのかに内在する利他行為や協働的行為や協働的関係等の価値を共有し、その後の集団発達に結びつける

資料11

その4

個々の能力や可能性を最大限の引き出すための指導の徹底型思考

個々の子どもはそれぞれ能力や可能性を持った存在である。しかし、本人の怠情や指導の怠慢によって十分に能力開発されないまま個の中に埋没してしまっていることが往々にしてある。「**個々の能力や可能性を読み取り、（個に応じた）指導の徹底の場を設定し、その子の能力や可能性を最大限に引き出そうとする思考**」が求められる。

個に応じた指導の徹底

①本来もつ能力や特性を見抜く

②（個に応じた）指導の徹底
　・怠情を認めない指導
　・追い込む指導・引き出す指導

③「学び方」の習得や基礎的学力の習得等のための指導の徹底（他律；鍛錬場面）
　─「課題をもつ」「課題解決の見通しを立てる」「必要なものをそろえる」「追求する」「結果をまとめる」「結果を伝える」─

④努力と成長の価値づけ

⑤「自律的な学び」の場（自律的成長；自主的学習場面）

⑥自律と成長の価値づけ・勇気づけ

<教師の根底>····高い期待感

教師の根底に『子どもの潜在能力や可能性』を信じる高い期待感がある

「学び（子）の怠情」の否定と「指導（教師）の妥協」の否定

努力の価値づけ、成長の価値づけ；個人内評価の徹底<エンパワーメント>

生涯学習につながる足腰の強い指導の実現を目指す

久我　直人（KUGA Naoto）

国立大学法人鳴門教育大学　大学院学校教育研究科　高度学校教育実践専攻（教職大学院）学校づくりマネジメントコース　教授。
公立学校教諭，県・政令市教育委員会教職員課指導主事・管理主事を経験し，鳴門教育大学准教授を経て，現職。

「学級経営力」・「生徒指導力」向上講座
子どもとの信頼を築き，不登校を生み出さない教師の特徴
潤いのある学級をつくる
教師の省察力と「勇気づけ教育」

2020 年 6 月 25 日　初版発行

著　　者　　久我　直人

発　　行　　ふくろう出版
〒700-0035　岡山市北区高柳西町 1-23
　　　　　　友野印刷ビル
TEL：086-255-2181
FAX：086-255-6324
http://www.296.jp
e-mail：info@296.jp
振替　01310-8-95147

印刷・製本　友野印刷株式会社
ISBN978-4-86186-789-7 C3037
©Kuga Naoto 2020

定価は表紙に表示してあります。乱丁・落丁はお取り替えいたします。

学校教育における「正の循環」と「負の連鎖」

鳴門教育大学　久我直人

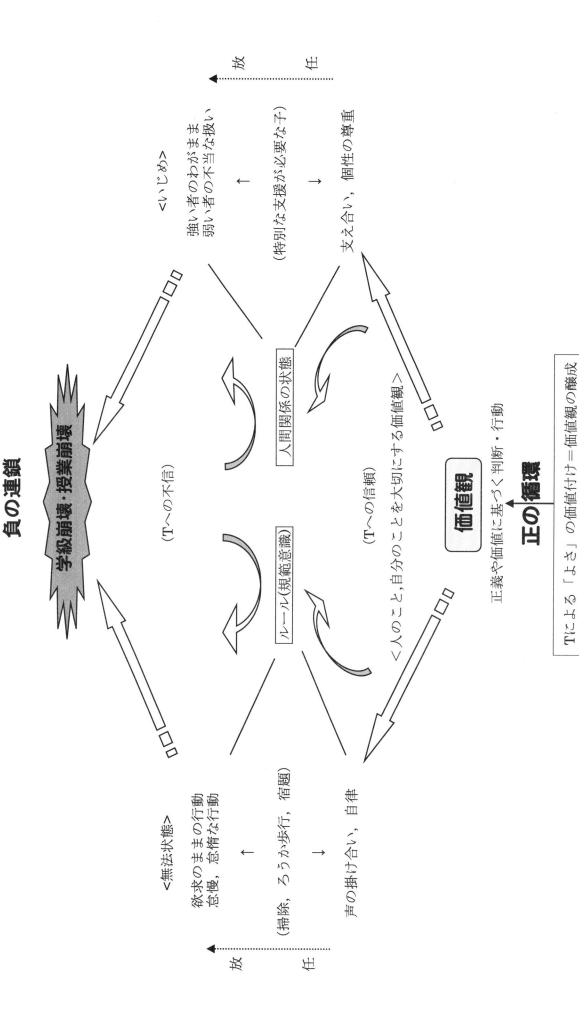

初等音楽科教育法

木下和彦 著

ふくろう出版

まえがき

　このテキストは、大学の教員養成系学部における「初等音楽科教育法」に関する科目での使用を想定して作られています。15 回分の授業にそのまま使うことが出来るよう構成されており、音楽科の授業をするために必要な内容を取り上げつつ、随所に最新の知見も含めるよう努めました。また、2020 年以降の新型感染症対策として遠隔授業が実施された場合を想定し、読み物として学習できるよう内容を構成しました。

　小学校で音楽の授業をするためには、「音楽することとは何か」「音楽を学校で教えるのはなぜか」「どんな音楽がこれからの時代に求められているのか」といった音楽への自分なりの〈思想＝哲学〉をもつことが必要です。

　そのためには、身の回りの音との関係を見つめ直し、様々な音楽文化に触れ、表現する経験を重ねること、音楽することを学習として見る視点や、幅広い音楽文化に対する体系的な知識を得ることが必要です。

　音楽科の授業力は、決して学校教育に閉ざされたものではなく、あなたが生きてきた（そしてこれから生きていく）日常の音楽経験に結びついたものです。本書を傍らに置きつつ、音楽することが持つ意味や役割を考えることが、あなたの人生を豊かにすることにつながればと思います。

2021 年 3 月

木下　和彦

目　次

第1章　音楽を学習するとはどういうことか

　本章では、音楽科教育法について学ぶ最初の一歩として、「音楽」と「学習」という2つの概念について考えます。皆さんが各教科に対して抱く印象は、すべて皆さんの高校生までの学校経験に基づいています。「音楽」とは何か、「音楽を学習する」とはどういうことかを捉え直すところから、音楽の授業について学び始めましょう。

1．音楽科の授業を振り返る

　はじめに、皆さん自身の音楽経験を振り返ってみましょう。あなたが受けた小中高の音楽科の活動は、「楽しかった」ですか？「楽しかった」あるいは「楽しくなかった」その理由は何でしょうか。具体的なエピソードを振り返りながら、下記に書き込みましょう。

　上に書き込んだ音楽の授業に対する印象は、先生の授業の展開の仕方や、あなた自身が学校外で音楽を習っており活動を上手に出来たかどうかなど、様々な背景から生まれたものです。「楽しくなかった」と答えた方も、日常生活の中で、一人で音楽を聴くのが好きという人は多いでしょう。つまり、音楽の授業が楽しくなかった人も、決して音楽が嫌いなわけではないはずです。

　音楽科ぎらいの子どもは、今も昔も一定数います。なぜ音楽科ぎらいの子どもが生まれてしまうのでしょうか。その理由には、演奏が上手くできなかったり、歌が他の人に比べて下手だと感じたりして、肯定的に授業を捉えられない経験があるからだと思われます。また、クラシックや音楽科向けの合唱曲など、音楽科の授業でよく取り上げられる楽曲が好きになれなかったということも考えられます。これらの楽曲に対して、そのよさを十分に感じられなかったのは、あなたが受けてきた授業が、音楽表現を主体的に探求できなかったり、技能だけに依拠したりした授業だった可能性があります。

2．「音楽」は何を指しているか

　そもそも、音楽とは何でしょうか。国語や算数といった他教科に比べて、「音楽」はどのような内容を指しているのか、人によって認識が異なっていると思われます。

　多くの人は、音楽は「曲」や「楽譜」であると考えているでしょう。こうした見方は世界の大多数の人が持っていると思われますが、ある1つの見方に過ぎないのも事実です。

　そこでこの本では、**「音楽」を行為として捉えたい**と思います。民族音楽学者クリストファー・スモールは、音楽を行為として捉える「ミュージッキング」という概念を提唱しました。ミュージッキングの概念では、「音楽する」ことには、「歌う」「演奏する」

「創作する」といったことだけでなく、コンサートにおける照明や舞台整備の仕事など、音楽に関わるすべての行為を含みます。

　音楽科の授業を考える時に、ミュージッキングの視点はとても重要です。長らく持たれていた音楽科のイメージは、「合唱・合奏の練習及び発表」に代表されるように、具体的に曲を仕上げていく姿でした。また、理想的な活動は、教師や大人たちが考える「良い演奏」へ近づけられるように子どもが練習することであり、子どもたちを「良い演奏」へと導くことができる教師が優れていると評価される風潮もありました。

　無論これは現下の学習指導要領の内容には全くそぐわない見方です。音楽科で営まれるべきは音楽を通した子どもの主体的な学習であり、彼ら自身が思考、判断、表現するプロセスを重視すべきです。ミュージッキングの概念は、音楽表現を工夫することだけでなく、音楽の役割や文化的な側面について考えたり、音自体の響きを環境から探求したりするといった、直接的に音を鳴らさない行為をも含みながら、行為として音楽を捉える視点を提供します。その意味で、音楽科で我々が育むのは、子どもが音楽する行為自体であるという見方もできます。

3．学習とは何か

　続いて、当たり前のように使っている「学習」という言葉を捉え直してみましょう。

　学習といってもその捉え方は幅広いのですが、一般には、学校や塾での授業、あるいは自宅で宿題に取り組んでいる行為自体だと捉えられている風潮があります。そこでは「知識をアタマの中に入れる」といったようなイメージが浮かび上がります。

　こうした学習の捉え方は一面的なものであり、実際には様々な捉え方があります。本書では、学習を「経験によるある程度持続的な行動の変容」（有元,2001）と捉えたいと思います。皆さんが今「できること」は、これまでの生活の中の学習によって体得したものだといえます。例えば、スマートフォンのフリック入力や、通学に使用するSuicaなどのIC定期券の使い方は、学校の授業で教わったものではなく、実際に使ってみたり、他者が使用しているのを参考に真似てみたりする中で、自然とできるようになったはずです。また、ペットボトルのお茶を飲むとき、あなたは無意識的に「キャップを回して外して」飲みます。どこで「キャップを回して外す」ことを知ったのでしょう。これらは全て学習の結果です。したがって、「知識をアタマの中に入れる」だけが学習ではなく、その知識を活用して何かができるようになるという変容が学習なのです。具体的に言えば、英単語を暗記したとしても、それを文章題や実際の会話の中で活用して初めて学習となるのだといえます。

４．音楽を学習するとはどういうことか

　では、「音楽を学習する」とはどのような営みなのでしょうか。学習が何らかの行為の変容だとすれば、「音楽すること」の変容が音楽の学習だといえます。あなたの日常生活の中で、音楽を学習していると考えられる行為を考えて書いてみましょう。

　日常生活で、ただ「好きな音楽を聴いている」場合でも、それ自体学習の側面を持っています。その音楽を通して、聴き手はリズムや音色を聴きとり、鼻歌で歌ったり身体を同期させてノったりします。その過程で、あなたの音楽的な能力を伸長させています。または、複雑なリズムやメロディーの持つポップスを口ずさめる人も、それがどのような音符と音高で成り立つかを五線譜に表せる人はとても少ないでしょう。こうした「身体的に知っているが言語化できない音楽のしくみ」を、構造として捉えられるようになるには、音楽のしくみ(音符、音高など)に関する知識が必要です。その知識を得ることで、楽曲の聴こえ方が変化するのであれば、それは音楽の学習です。

　音楽科は、「楽器の演奏能力が高まる」ことや、「クラシックの楽曲やバンドの存在を知識として多く知っていること」を目指すのではなく、具体的な**音楽する行為の変容**を経験することで、音楽することが人生においてより意味を持つように変わっていくことを目的としています。

５．なぜ音楽科があるのか

　義務教育課程の学校の教科は、全て設置理由があります。なぜ、その科目があるのかについて、先生は答えを持っていることが大切です。ただし、学校で音楽を学ばなくても、音楽を楽しむことはできるというのはまさしく正論です。

　音楽科の存在理由について、様々な考え方が展開されてきました。重要なのは、人間の古今東西の歴史に鑑みると、「音楽すること」は、食べることや考えることと同じように、生きる上で必然的な行為であったということです。祝祭において音楽が演奏されたり、遠くの部族とのやりとり音楽を用いたり、音楽すること自体が自然と対話するものであった、というような多様な音楽のあり方が世界にはあります。赤ちゃんが最初にこの世に生まれた時、最初に自分の泣き声を聴きます。死期間近の人にとって、音楽を聴くことは自身の人生を想起するきっかけや、穏やかな意識をもたらすことを可能にします。人間は元来音と関わりながら生きている存在であり、その延長線上に人間は音楽文化を作り上げてきました。言葉を使ったり、身体を動かしたりすることと同じくらい、音・音楽と関わることは生きる力として必要なのではないか。こうした視点から、音楽科の存在理由を見出すことができます。

6．子どもが楽しみながら主体的に学ぶことのできる授業

　実際の授業は、教師だけでなく、当然子どもたちとともに作り上げるものです。よって、子ども一人ひとりの意欲や関心をもとに展開することが大切です。そのクラスの子どもたちがどのような生活をしており、どのような能力(レディネス)を持っていて、どういった集団の関係性を有しているか。これらを踏まえて、授業はまさに生(ライブ)に展開されます。本章で述べてきたような思想的背景を持つことと、実際に子どもたちと具体的な行為を通して対話していくことは、ともに音楽科の授業を作っていくための両輪です。

課題1　あなたがこれまで小学校・中学校・高校で経験してきた音楽の授業を振り返り、その後のあなたの日常生活にどのような影響があったかを考えよう。その上で、学校教育になぜ音楽科が存在するか、その理由について自分なりの考えを述べてみよう。

第2章　音楽科の目標・内容

　本章では、小学校音楽科学習指導要領の目標と内容を学びます。音楽科が育てたい子どもの姿が具現された目標と、その目標を実現するための学習内容について取り上げます。

1．目標

　小学校の教科は全て、学習指導要領において目標が設定されています。そして、目標へ向けた学習内容が学年別に構成されています。

　音楽科の目標は、次のように設定されています。

> 表現及び鑑賞の活動を通して、音楽的な見方・考え方を働かせ、生活や社会の中の音や音楽と豊かに関わる資質・能力を次のとおり育成することを目指す。

　まず、一つ一つの文言について詳細に理解していきましょう。

「表現及び鑑賞の活動」とは？

　音楽科の活動は、表現と鑑賞という2領域から成ります。表現は、「歌唱」「器楽」「音楽づくり」にさらに分けられます。実際の授業では、「歌唱と器楽の活動」、「鑑賞と音楽づくりの活動」といったように、組み合わせて実施されることも多くあり、両者を関連づけながら授業計画を立てます。

「音楽的な見方・考え方」とは?

　現学習指導要領では、各教科の授業において「○○(教科名)的な見方・考え方」を働かせることとなっています。

　そもそも、あるモノや現象、行為に対しての見方・考え方は複数存在します。目の前にコーヒーがあった時に、そのカップに水滴が付いている理由を考えることもできれば（理科的）、コーヒーの匂いから感じとったことを文学的に表現することもできます（国語的）。音楽においても同様です。ある音・音楽を聴いた時、人はその音楽的なしくみ(リズムなど)と共に、何か(美しい、かっこいい、温かみなど)を感じ取ります。そこで、聴き取ったことと感じ取ったことの間には、何かしらのつながりが必ずあります。

　聞き取ったことと感じ取ったこととのつながりを、自分なりのイメージや感情、身の回りの生活や文化と関連づけながら考えていくことが、「音楽的な見方・考え方」です。

「生活や社会の中の音や音楽」とは?

　人は、学校、自宅、電車、公園といった日々の生活環境の中で、様々な音や音楽に取り巻かれています。また、私たちが生きる社会は、過去から積み重ねられた歴史と文化を有

しています。

　そうした生活・社会の中で生きる私たちは、様々な音・音楽に囲まれています。ここでいう音と音楽とは、音は鳴り響く音響そのものを指している一方、音楽は音によって組織された構造であると区別されます。音楽の授業では、身の回りに鳴り響く音全てを教材として対象にします。そうした理由から、音と音楽とを区別して用います。

「豊かに関わる資質・能力」とは?

　音楽科では、音・音楽と豊かに関わることが、よりよく生きることにつながると考えます。音・音楽と関わるために、人は能力を働かせます。現学習指導要領では、音楽科以外も含む全教科において育みたい資質・能力を3つに分けています。

資質・能力(1)(知識及び技能)

資質・能力(2)(思考力、判断力、表現力等)

資質・能力(3)(学びに向かう力、人間性等)

　これらは、教科を跨って小学校教育で育みたい**資質・能力の3つの柱**です。この3つの柱に基づいて、音楽科の目標は、3つの具体的な内容が示されています。

　次に、音楽科の目標の続きを読み解いていきましょう。

---

(1)曲想と音楽の構造などとの関わりについて理解するとともに、表したい音楽表現をするために必要な技能を身に付けるようにする。

「曲想」とは?

　「曲想」とは、「楽曲に固有な「独特な気分、雰囲気、味わい、表情といったもの」」のことを指し、主に音楽科で用いられる特有の概念です。①曲想を感じ取り、曲想に合った表現の工夫を考えることや、②曲想を生み出す「音楽を特徴付けている要素」や「音楽のしくみ」を聴き取り曲想と結びつけることなどが、音楽科の学習活動で行われます。

「音楽の構造」とは?

　音楽の構造は、縦と横の関係で捉えることができます。メロディーや和音、ベースといった縦の構造があります。一方、それらがどのように変化するかという横の構造があります。これらの2つの推移が、音楽の構造となります。

　イメージが掴めない人は、合唱やロックバンドの演奏動画をみるとわかりやすいでしょう。それぞれが異なる声部や楽器を担当し(縦の構造)、異なる内容の演奏している(横の構造)はずです。

「表したい音楽表現」とは？

　音楽表現をする時に生まれる「こうしたい」という具体的な音楽の像を指します。例えば、「手拍子をもっと合わせたい」や「力強さを感じさせる音色にしたい」といったようなものです。「教員が実現させたい音楽表現」に子どもを誘導する・惹きつけるのはなく、活動を通して子どもが表したいと思う音楽表現のありようを中心において授業を展開することが大切です。

「必要な技能」とは？

> (2)音楽表現を工夫することや、音楽を味わって聴くことができるようにする。

「音楽表現を工夫する」とは？

　音楽表現は、「こんな表現にしてみたい」という意図と、それを音として具現化する身体的な能力の2つによって具現化されます。ここでいう工夫は、この2つをもとに行われる表現上の工夫を指すものです。

「音楽を味わって聴く」とは？

　私たちの日常生活では、様々な「音楽を聴く態度」が使い分けられています。例えば、何か作業をしながら聴く「ながら聴き」や、歌詞の意味内容の世界に入り込んで聴く「聴き方」、応援するグループやアーティストのPVを視ながら聴く「聴き方」もあります。ここでいう「味わって聴く」とは、聴く音楽から感じられることや音楽のしくみを意識して聴く「聴き方」です。「味わって聴く」ことで、よく知っていた曲に魅力を感じる理由が見えてきたり、あまり関心がなかった曲のよさに気付いたりすることがあります。こうした聴き方を、音楽科では必要な技能として位置付けています。

> (3)音楽活動の楽しさを体験することを通して、音楽を愛好する心情と音楽に対する感
> 　性を育むとともに、音楽に親しむ態度を養い、豊かな情操を培う。

音楽活動の「楽しさ」とは？

　音楽科では、音・音楽と関わることで感じたり、想像したり、表現しようとしたりするとき、そこに音楽することの本質的な楽しさがあると考えます。子どもが自分から望んで、技能を身につけたい、もっと知りたいと思う時、そこに音楽することの楽しさが感じられています。音楽活動の楽しさの本質は、外見的に把握できるものだけではないのです。

音楽を愛好する心情とは?

音楽に対する「良いなあ、大切にしたいなあ、必要としているなあ」などといった主観的な心情のことです。音楽を愛好する心情を持つことは、その人の人生を豊かにし、よりよく生きることにつながると考えます。ただし、こうした心情は、教師が子どもに与える・気づかせるものというよりは、子ども自身が内から生まれてくる心情によって実感していくものです。

また音楽科では、文化相対主義的な立場から、どんな音楽にも「よさ」があると考えます。例えば、演奏や音楽のしくみの質、歌詞のオリジナリティ、音楽が持つ意味、表現者の表現に対する 姿勢・態度など、音楽の「よさ」を測るための尺度は様々にありますが、これは時代や地域の違いによって、同じ尺度で測れるものではありません。クラシックやポップスといった音楽様式やジャンルに序列をつけたり優位性を与えたりすることは、最も避けるべきことです。

これまで音楽を個人的に習ってきて得意な方は、「先生になったら、自分が知っている音楽の魅力を伝えたい」と思っているかもしれません。ですが、ここに大きな勘違いがあります。音楽の魅力は、あなた自身がそうであったように、自分自身で気づくものです。先生が魅力を説くことで惹きつけることもできるでしょう。ですが、音楽科が育みたいのは、大人になった時に様々な音楽を愛好することのできる心情を育むことであり、先生によって音楽好きにすることではないのです。

あなたには、自分の知らない音楽、身近ではない音楽を愛好しようとする態度や思いはあるでしょうか。偏見を持たず、あらゆる未知の音楽のよさを感じようとする貪欲さが、音楽の授業をするためには求められています。

「音楽に対する感性」とは?

「感性」とは、音楽の質的なはたらきを感じとるための能力のことです。

質的なはたらきと言っても、想像がつかないかもしれません。例えば、人は絵や景色、模様などを見たとき、感性が働きます。感性が働くから、見ているものから「何か」を感じ取るのです。試しに、今いる部屋の壁をじっと見つめてみましょう。なんでもないと思っていた壁に、きめ細やかな模様や、わずかな裂け目を見つけるかもしれません。それを見つけた時に、あなたはそれから何かを感じ取ったでしょうか。言葉にすれば、「不思議」とか「面白い」、あるいは「美しい」といった言葉に置き換えられるかもしれません。言葉に置き換えられないものも含めて、壁を見つめることであなたが感じ取った「何か」は、感性の働きによって得られたものです。

感性は、人間にとって豊かに生きるため に必要なものです。古代から人間は、食器や衣服に模様を描き、生活を彩り神々を敬うために踊り、歌ってきました。音楽を通して感性を育むことは、音楽科に求められる大切な学びです。

「情操」とは?

　「情操」とは、「美しいものや純粋なもの、崇高なものに接して感動する情感豊かな心」のことです。音楽科では、子どもの情操を養うことで、子どもが生きていく中での音楽との関わりがより豊かになり、ひいては人生が豊かになると考えます。

　ややイメージしづらい概念だと思いますが、私たちは多かれ少なかれ、「崇高なもの」に対する感性を併せ持っています。例えば、年末年始に聴く除夜の鐘がどことなく荘厳に聴こえるのは、私たちが我が国の年末年始の文化的行事を知っていることにより、その崇高さを感じ取っているためです。あるいは、地平から昇る日の出や、漆黒の闇に浮かぶ青白い月に、日常から離れたところにある存在を感じることもあります。このように情操の喚起には、文化的なものと、それにとらわれないものが関わります。

　ですから、情操を育むということは、何も「有名なクラシックのよさを味わえるようになる」といった文化的な事象を対象とした閉じられたものではなく、日常の様々な局面ですでに出会っている様々な「美しいものや純粋なもの、崇高なもの」への出会い方を変えるような、開かれた学習なのです。

２．内容

　音楽科の内容は、A表現、B鑑賞、共通事項からなります。A表現は、さらに「歌唱」「器楽」「音楽づくり」の３つに分かれます。それぞれの内容から想定される活動は、例えば次のようなものがあります。

(活動例　木下作成)

	A表現			B鑑賞
	歌唱	器楽	音楽づくり	
想定される活動の例	・フレーズのまとまりを意識して歌おう ・声の音色の違いを活かして歌おう ・音の重なりを工夫して合唱しよう	・音色の響きを工夫して表現しよう ・強弱や速度を意識して合奏しよう ・我が国・世界の楽器を演奏してみよう	・様々な音階を用いて旋律をつくろう ・身の回りのモノや楽器で音楽を作ろう ・リズムの反復を活かして音楽を作ろう	・速さの変化を味わおう ・身の回りの音を聴いてみよう ・音楽の縦と横の関係を感じ取ろう

表現と鑑賞の関連

　表現と鑑賞はそれぞれ独立した内容ですが、そこで育まれる能力は分けられるものではありません。鑑賞の能力は、表現する中でも育まれますし、表現の能力は、鑑賞する中でも育まれます。これについて、学習指導要領「指導計画の作成と内容の取扱い」では、「A表現」と「B鑑賞」の各事項を適切に関連させることとされています。

〈具体例〉
・ある曲の歌い方の工夫を鑑賞活動で考える。わかったことを活かして、その曲を歌唱活動で取り上げる。
・ある音階でつくられた旋律の音楽を鑑賞する活動の後、その音階に基づく音楽づくりの活動を行う。

　「今日から鑑賞の活動です」といったように区分けするのではなく、ある題材で回ごとに表現と鑑賞を組み合わせたり、各授業内で表現と鑑賞を組み合わせたりと、学習内容に照らして表現と鑑賞の両領域を関連づけていきます。

３．共通事項

　［共通事項］とは、「**表現及び鑑賞の学習において共通に必要となる資質・能力**」であり、「『A表現』と『B鑑賞』の指導と併せて、十分な指導が行われるよう工夫すること」が求められています。その具体的内容を見てみましょう。

「A表現」及び「B鑑賞」の指導を通して、次の事項を身に付けることができるよう指導する。

ア　音楽を形づくっている要素を聴き取り、それらの働きが生み出すよさや面白さ、美しさを感じ取りながら、聴き取ったことと感じ取ったこととの関わりについて考えること。

イ　音楽を形づくっている要素及びそれらに関わる身近な音符、休符、記号や用語について、音楽における働きと関わらせて理解すること。

　上記のアは、「思考力、判断力、表現力等」に関する資質・能力です。「関わりについて考える」プロセスの中で、思考し、判断し、それを言語化あるいは音楽表現します。

　上記のイは、「知識」に関する資質・能力です。アの資質・能力を言語的に思考するためには、形のない音楽を言語化して他者と共有するための客観的なツールが必要で、そのツールがここでいう「音符、休符、記号や用語」にあたります。これらをただ暗記するのではな

く、実際の音楽の中での働きを通して理解することが求められています。

　共通事項の指導は、表現及び鑑賞の指導を通して行うものです。「共通事項について学習する授業」といった形で独立した指導内容とすべきではないことに留意しましょう。

ア　音楽を形づくっている要素

（ア）音楽を特徴付けている要素

ア　音楽を特徴付けている要素	想定される学習内容の例
音	身の回りの音を探したり、声や楽器の音色を聴いたりする
リズム	様々なリズム・パターンをつくったり、演奏したりする
速度	曲全体の速度や、曲の中での速度の変化の意味を考える
旋律	旋律の動き（上・下行、山・谷型など）の特徴を活かした表現の工夫
強弱	音や楽曲の中での強弱変化の特徴を活かした表現の工夫
音の重なり	複数の旋律やリズムが、同時に鳴ることで生まれる響きへの着目
和音の響き	長・短調や、機能和声
音階	様々な音階を用いた旋律づくり
調	長・短調の仕組みや、調性にとらわれない音楽づくり
拍	「拍のある・ない音楽」の違いに着目した鑑賞・音楽づくり
フレーズ	歌詞の区切りや、数個の音の集まりに着目した表現の工夫

（イ）音楽の仕組み

イ　音楽の仕組み	想定される学習内容の例
反復	リズムや旋律、楽曲形式における反復を活かす鑑賞・表現の工夫
呼びかけとこたえ	ある呼びかけに対し模倣や変化で応える楽曲の鑑賞・表現の工夫
変化	リズムや旋律などの反復に対する変化を活かす鑑賞・表現の工夫
音楽の縦と横との関係	同じ旋律のずれや、重なりへの着目

イ　音符、休符、記号、音楽にかかわる用語

（巻末の資料を参照。）

課題１　あなたが日頃よく聴く音楽を、共通事項における「音楽を形づくっている要素」の観点で改めて聴いてみよう。その曲のよさを、共通事項の項目を手掛かりに、言葉にして書いたり、友人と伝えあったりしてみよう。

第3章　音楽科の評価

　本章では、音楽科の評価について学びます。音楽科の評価は、コンクールのように「演奏が上手か下手か」のみを測るものではありません。音楽科の評価は、子どもの学習過程や、教員の授業実践、学校運営などから多面的に行い、学習を改善していくために行うものです。評価のあり方は、活動自体だけでなく、クラスづくりにも影響します。音楽科で求められている評価とは何かを、丁寧に学んでいきましょう。

１．評価の種類

　まず、音楽科以外も含めた小学校教育全般における評価のあり方を知るところから始めましょう。評価には、次のような種類があります。

準拠規準

絶対評価(＝目標に準拠した評価)…到達目標を設定し、それに準拠した評価を行う。 個人内評価…学習者の中に準拠基準を設定する。 相対評価… 個人の一定集団内の位置に対して評価を行う。

　現在、小学校教育は基本的に「目標に準拠した評価」によって行われます。

評価の時期による分類

診断的評価 　…授業前に、学習者の関心・知識を把握し、授業計画に役立てる。 形成的評価 　…授業内、各授業の終わりにおいて、学習者の学習過程における変化を評価する。授業計画の微修正に役立てるほか、総括的評価の検討材料とする。 総括的評価 　…題材終了後、学期末、学年末などで行う評価のこと。

評定

　「評定」は、評価を尺度に基づき数値化するものです。例えば、通知表やテストの点数、順位は評定にあたります。基本的な事柄ですが、評価と評定との違いを確認しておきましょう。

到達・方向目標

　目標は、大きく分けて２種類あります。

到達目標
…学習の到達点を示した目標の種類のこと。例.「○○ができるようになる。」
方向目標
…学習の方向を示した目標の種類のこと。例.「○○に関心をもつ。」

評価の主体
　音楽科における評価は、他教科と同じように教師のみが行うものではありません。児童が行う評価には次のようなものがあります。

相互評価
…児童同士が互いの演奏などに対して評価する活動。
自己評価
…自身の演奏などに対して評価する活動。

２．目標に準拠した評価と個人内評価
　学校教育において**評価は、児童の学習をよりよいものへと改善するため**のものです。その評価は、今日では目標に準拠して行います。学校教育における評価は、「目標に対する学習の改善」を目的としたものです。
　今日の学校教育でベースとなる**「目標に準拠した評価」**は、学習指導要領に設定された目標や、学校・学年目標、題材ごとに設定した目標に照らして行います。日本の学校教育は、かつて相対評価（評価対象とする集団全体の中で個人を評価する）でしたが、何ができているかが不明瞭な点や、集団によって評価の結果にばらつきがでることへの反省から、今日では「目標に準拠した評価」が行われるようになりました。
　目標に準拠した評価では、一人一人の児童の学習を評価する**「個人内評価」**を併せて行います。実際の例を見てみましょう。

〈具体例〉
　Ａ君は、リコーダーの技能が評価規準に照らして十分ではない。ある日、リコーダーを用いて５音音階で旋律を作る活動を行った際、多くの児童が５つの音を用いて旋律を作っているなか、Ａ君は２音のみを用いて１小節の旋律を作ることができた。そして、以前よりも音程が合うようになってきた。
　この場合、Ａ君は、目標に準拠した評価においては高い評価とはならないものの、Ａ君は毎回の授業を通して「知識・技能」を高めており、その過程での「思考・判断・表現」のありようや「主体的に学習に取り組む態度」は、個人内評価として評価できる。

　この事例のように、技能教科で陥りがちなのは、楽器の演奏や歌唱、絵の書き方が「上手くなる」こと自体を目指したり、それのみを評価規準にしたりすることです。「上手く

なる」ことを目指すのではなく、「上手くなる」過程での学習のあり方と子どもの音楽的な見方・考え方の変化を評価することが大切です。そこでは、子どもによって学習による変容のありようが異なるのは当然であり、個人内評価が大切となります。

3．音楽科の評価の観点

　教科の目標は、評価を行うための「観点」に基づいて評価規準として設定されます。現学習指導要領における観点別の評価の観点は、「知識、技能」「思考、判断、表現」「主体的に学習に取り組む態度」の3つです。

観点別の評価の観点	内容と具体的な記載例
知識・技能	①曲想と音楽の構造などとの関わり ②表したい音楽表現のための歌唱、器楽、音楽づくりのための技能(ピッチマッチ、奏法、読譜力、演奏力) 指導案の表現例：「〜身に付けるようにする。」
思考、判断、表現	①音楽表現を考えて表現に対する思い(や意図)をもつ ②曲や演奏のよさなどを見いだしながら音楽を味わって聴く 指導案の表現例：「〜できるようにする。」
主体的に学習に取り組む態度	①音楽活動への関わり方 ②様々な音楽に親しむ ③音楽経験を生活に生かす 指導案の表現例：「〜態度を養う。」

評価規準と評価基準

　どちらもキジュンと発音するこの両者の違いは、学校現場でも混同して用いられていることが多々あります。評価規準は、子どもにつけたい力を具体的な姿として表記したものです。これに対して評価基準は、その姿に対しての到達状況を「1、2、3」や「A、B、C」などの形で振り分けるための指標です。評価基準の結果を数値化することなどによって、指導要録や評定を作成するための結果を算出することができます。

4. 評価作成の手順と方法

評価は、一般に次の手順で作成します。

①題材の目標に対応する評価規準を考える。

②評価規準に対して実際のパフォーマンスを判断する評価基準を考える。

③授業ごとに目標と評価規準を考える。

④具体的な評価方法とツールを考える。

5. 音楽科における評価の難しさ

音楽科の教員からは、「評価が難しい」という声がよく聞かれます。主要5科目のように文字で学習結果が残るわけではなく、図工のように創作物が現存するわけでもない音楽では、評価対象が捉えにくいと思われています。

だからといって、音符の種類を確認する「確認テスト」や、感想文の文字数で評価するのみでは、学習の過程を評価に含められず、児童が身に付けた能力を一面的に捉えることにつながります。

まず、日々の活動の様子を映像で記録したり、活動のポートフォリオを作成したりすることによって、少しでも振り返るための資料を入手しておくと良いでしょう。ただし、音楽活動の基本は音と関わることにあるので、授業が記述する活動ばかりにならないよう留意しましょう。

課題1　目に見えない音・音楽の表現行為を対象に評価を行う時に生じる問題点を挙げ、その解決策を考えてみよう。

第4章　歌唱

　本章では、歌唱活動の内容について学びます。音楽科の授業を振り返った時、多くの人が思い浮かべるのは歌唱活動でしょう。教科書に載っている歌を歌ったり、合唱コンクールを行ったりといった活動のみを想起しがちですが、そうした一面的な観方から離れることも必要です。歌唱活動のねらいや学習内容が正しく認識されないまま、ただ「上手な演奏を目指す活動」になってしまうことは避けたいものです。

　歌唱は人間にとって文化や地域を超えて普遍的な音楽的行為であるという視点から、音楽科の歌唱活動を考えていきましょう。

１．歌唱活動の目的

　「歌唱」は、実際に声を出したり、歌ったりすることを通して、表現の工夫を考えたり、自らの身体や他者との関わりの変容を経験したりしながら、音楽を実践的に経験する活動です。

　その目的は、「表したい音楽表現をするために必要な技能を身に付ける」（目標(1)）こと、「音楽表現を工夫する」（目標(2)）こと、「音楽活動の楽しさを体験する」（目標(3)）ことというように、目標の中にみることができます。

２．歌唱の活動の指導内容

　歌唱活動の指導内容は、学習指導要領において次の3つが設定されています。

ア　思考力・判断力・表現力等	歌唱表現の工夫
イ　知識	曲想と音楽の構造との関わり、曲想と歌詞との関わり
ウ　技能	(ア)聴唱、視唱、(イ)歌い方、(ウ)声を合わせた歌唱

学年別の違い

　上記の各項目は、2学年ごとに段階性を持って学習内容が設定されています。

ア　思考力・判断力・表現力等

低学年で「曲想を感じ取り」、中学年で「曲の特徴を捉え」、高学年で「その特徴にふさわしい表現」を考えて実践するように、段階的に示されています。

イ　曲想と音楽の構造との関わり、曲想と歌詞との関わり

各学年に応じて指導するよう示されています。

ウ　(ア)聴唱、視唱

低学年で「階名唱や暗唱」、中学年で「ハ長調の楽譜の視唱」、高学年で「ハ長調とイ短調の楽譜の視唱」をする能力を育むよう示されています。

ウ　(イ)歌い方

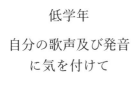 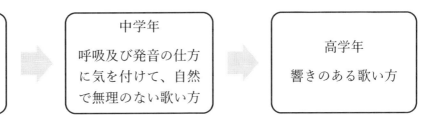

低学年	中学年	高学年
自分の歌声及び発音に気を付けて	呼吸及び発音の仕方に気を付けて、自然で無理のない歌い方	響きのある歌い方

・自然で無理のない歌い方とは？

「児童一人ひとりの声の持ち味を生かしながら、曲想に合った歌い方を児童自身が工夫していく」ことです。よく音楽の授業でイメージされる「大きな声で」「元気な声で」といった教師による一方的な表現の工夫の指導は、学習指導要領が想定する活動に鑑みて望ましいものではありません。大切なのは、児童がどのような声で歌いたいかを考え、試していく過程です。

ウ　(ウ)声を合わせた歌唱

低学年で「互いに」聴く、中学年で「副次的な旋律」を聴く、高学年で「各声部の歌声や全体の響き」を聴くというように、段階性を持って示されています。

3．歌唱活動の教材
①歌唱共通教材

歌唱共通教材は、各学年4曲、全24曲設定され、年間指導計画の中で、<u>必ず扱うこと</u>とされています。歌唱共通教材の教材的価値は、①〔共通事項〕を用いやすい教材であること、②日本において世代を超えて歌い継がれていること、大きくはこの2つの理由によります。「扱わなければならない教材」ではなく、「学習を進める上で取り扱いやすい楽曲」として肯定的に捉えて、それぞれの楽曲のよさを見出して教材として取り入れていきましょう。

②教科書等に掲載された楽曲

教科書には、歌唱共通教材以外にも多様な楽曲が掲載されています。リズムや音域といった旋律の構造が児童の実態に見合っているか、取り上げる季節などを踏まえて選びたいものです。また、音楽の多様性を知る上でも、世界各地の音楽から選ぶと活動に広がりが生まれます。

教科書以外にも、市販の歌唱曲集が複数発売されています。児童の実態に応じて、活用していきましょう。

③日常生活で出会う様々な楽曲

子どもは、マスメディアを通して様々なポップスに出会っています。こうしたポップスは、授業の目的や音楽の構造を吟味して取り入れるならば、教材としての価値を十分に持っています。

楽曲の選択を児童に委ねることもできます。児童が日常生活も含めて抱く「歌ってみたい」という欲求は、活動に活かすことができます。その際は、選んだ曲と学習内容とのつながりを考えておくことが大切です。

４．歌唱活動の学習内容

歌唱活動の知識・技能に関する学習内容は、大きく次の３つに分けられます。
(1)階名唱ができる知識・技能
(2)様々な歌唱形態を組織し実践できる知識・技能
(3)共通事項を用いた表現の工夫を考える知識・技能

階名唱とは

階名唱は、メロディーを「ドレミ」で歌うことです。ただし、どの音の高さを「ド」「レ」「ミ」と呼ぶかについては、２つの考え方があります。

移動ド（階名唱法）	固定ド（音名唱法）
その曲の調に合わせて、「ド」を読み替える。	ハ長調の第１音を「ド」とする。

今日の音楽科では、相対音感を育成できるという理由から、**移動ド**を採用しています。

様々な歌唱形態とは

歌唱にはいくつかの形態があります。学習指導要領では児童の学習段階に応じて想定される形態が以下のように示されています。

> 低学年…斉唱や輪唱などで「**互いの歌声や伴奏**」を聴いて歌う。
> 中学年…部分二部合唱などで「**副次的な旋律**」を聞いて歌い、互いの声が**重なり合った**り**きれい**に**響き合っ**たりすることに気付く。
> 高学年…重唱や合唱で「**各声部の歌声や全体の響き**」を聞いて歌い、和音の美しい**響き**を味わいながら、声部の役割を理解する。

　これらの形態による活動を通して、自分や友だちの歌声を聴き合い、それぞれのよさやいろいろな工夫に気付き、さらなる表現の工夫につなげていくことが歌唱活動における学習過程となります。

共通事項を用いた表現の工夫

　歌唱活動を展開する中で、共通事項を手がかりに歌い方を工夫することで、思いや意図を持った活動を実現させることができます。例えば、児童が歌唱に対してもつ「思いや意図」を音楽の仕組みと関連づけて、どういった表現をしていくかを考えます。この過程が、歌唱活動における主体的・対話的で深い学びとなります。

　また、曲想に応じた歌い方の工夫を考えます。例えば.リズムが活かされた曲と、ゆったりとしてスラーが中心の曲とで、歌い方をどう変化させるかを考えます。

〈実践例〉「おぼろ月夜」の歌唱の工夫を音楽の仕組みから考えて、表現を楽しもう
(1) 声を使った音楽ゲームを実施し、歌唱活動のための体と全員で活動する雰囲気をつくる。ゲームでは、声の音高の上がり下がりを取り入れた応答的な活動を行う。
(2) 教師の範唱を聴き、「おぼろ月夜」の歌詞とメロディーを把握する。
(3) 何回か繰り返し歌い、曲の流れを覚える。
(4) どのような点から表現を工夫できるか、音楽のしくみを手がかりに考える。
(5) 児童が見つけた工夫を活かして表現する。
(6) 工夫による変化について、発表やポートフォリオの作成などを通して振り返る。

課題1　巻末の歌唱共通教材の楽曲に、移動ドで音名を書き込んでみよう。

第5章　器楽

　本章では、器楽活動の内容について学びます。「器楽」という言葉は馴染みが薄いかもしれませんが、「器」(なんらかのモノ)を用いて「楽」(演奏する)ことです。人間は、生まれながらにして音楽する存在です。乳幼児期の子どもは、様々な身近にあるモノに出会います。子どもは、モノと関わる中で、どのような音が出るかを探求します。乳幼児期の子どもにとって、音楽的表現は自然発生的に芽生えるのです。ところが、次第に他者の視線を意識するようになり、様々な音楽文化に触れる中で、そうした音に対する自由な探求行動はみられなくなっていきます。器楽活動は、我々人間が様々な音と出会う上で大切な活動だといえます。

1．器楽活動の目的

　器楽活動の目的は、「児童が表したい音楽表現をするために必要な技能を身に付ける」(目標(1))こと、「音楽表現を工夫する」(目標(2))こと、「音楽活動の楽しさを体験する」(目標(3))ことというように、小学校音楽科の目標にみることができます。

2．器楽活動の実際

　器楽活動で用いる教具は、既存の「楽器」だけでなく、身近にあるモノ全てがその対象となります。例えば、紙や水を使った器楽活動というのも、十分に考えられます。

　「既存の楽器」については、適切な奏法を学ぶだけでなく、どんな音が出るかを試したり、音が出るしくみを理解したりすることと併せて学習します。身近にあるモノを用いる際は、安全性に留意しながら、モノから出すことのできる音の可能性(=アフォーダンス)に着目させ、児童の創意工夫を大切にして活動を進めます。

　器楽活動では、児童同士が協働する過程が大切です。友達がどのような表現をしていて、そこにどのような工夫やおもしろさがあるかを考え、言葉にして共有する。こうした過程を通して、グループやクラス全体で表現しながら資質・能力を高め、音楽することを楽しめるのが器楽活動の醍醐味です。

　ただ「良い演奏を目指す」活動ではなく、<u>表現することを通して「音楽のしくみと曲想とのつながりを学習する」</u>といった学習活動とすることが大切です。

3．器楽活動の指導内容

　器楽活動の指導内容は、学習指導要領において次の3つが設定されています。

ア　思考力・判断力・表現力等	器楽表現の工夫
イ　知識	(ア)曲想と音楽の構造との関わり、(イ)楽器の音色と演奏の仕方との関わり

ウ　技能	(ア)聴奏、視奏、(イ)楽器の演奏の仕方、(ウ)音を合わせた演奏

ア　思考力・判断力・表現力等
曲想や曲の特徴を捉えた上で、それにふさわしい器楽表現を工夫することとされています。

イ　(ア)曲想と音楽の構造との関わり
全学年で、「曲想を、音楽の構造と関わらせて理解する」こととされています。

イ　(イ)楽器の音色と演奏の仕方との関わり
演奏の仕方、鳴らし方によって、楽器から様々な音が出ることを探求し、演奏に欲しい音を探し、その演奏の仕方を工夫することとされています。

ウ　(ア)聴奏、視奏
低学年で「リズム譜などを見て」、中学年で「ハ長調の楽譜を見て」、高学年で「ハ長調とイ短調の楽譜を見て」演奏することとされています。

４．器楽活動で活用できる教具
　器楽活動では、主に次の楽器を教具として使用することが想定されています。ただしこれはあくまで目安であり、児童の実態に応じて、柔軟に選んで構いません。

低学年	中学年	高学年
打楽器 オルガン、鍵盤ハーモニカ	左記の楽器に加えリコーダー、他の鍵盤楽器、和楽器	左記の楽器に加え電子楽器、諸外国に伝わる楽器

５．各楽器の紹介と基本的な奏法
鍵盤ハーモニカ

低学年から様々な活動で用いる楽器です。
・腕や肩に無駄な力が入らないようにし、ハンドルやボールを軽く握る時のイメージで手を鍵盤に置く。
・手の甲は鍵盤に並行になるようにし、鍵盤より手首やひじが下がらないようにする。

リコーダー

　リコーダーには、ソプラノ、アルトなどの種類があります。小学校で一般的に用いられるのはソプラノリコーダーですが、様々なリコーダーを紹介したり、リコーダーアンサンブルの演奏を聴いたりすることで楽器本来の魅力を感じることができます。一般的には3年生から導入されます。

・タンギングで演奏する。基本は tu、低音域は to。
・腹式呼吸で演奏する。
・演奏後は、掃除棒にガーゼを巻き内部や吹き口を拭く。
・一般的には、「シ」の音から導入し、左手のみを用いる音から右手を用いる音へと使用音を拡大しながら用いる。

タンブリン

・枠の丸穴の部分を握るように持つ。穴の中に指を入れるのは危険であるため避ける。
・指をそろえて打つ。強い音を出すときは、手のひら全体で打つ。
・小刻みに横に振ると、ベルの響きを活かしたトレモロ奏ができる。

トライアングル

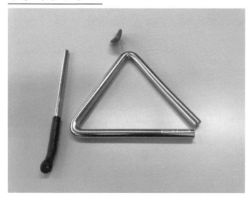

・人差し指をホルダーに通し、親指と中指で両側から挟み込む。親指と人差し指で鳴らす棒(ビーター)をもち、他の指を軽く添える。
・棒の重みを利用して落とすように打つ。打つ位置によって音色が変わる。欲しい音色を探して工夫しながら演奏する。
・トライアングルの角で棒を細かく振るとトレモロ奏ができる。

鈴

・輪の形のものは、握り込むように持つ。棒状のものは、鈴の数が多ければ上向きに、少なければ下向きに持つ。
・手首のスナップを使って振る。
・リズムを出す時は、左手で持ち、手首のあたりを右手で叩く。
・手首をねじるようにして振るとトレモロ奏ができる。

カスタネット

・左手の人差し指か中指の付け根までゴムを通し、手のひらで軽く包み込む。
・右手の中指を使って打つ。細かいリズムは、中指と人差し指を使う。
・片手だけで演奏する時は、親指に輪を通し、他の指で握るように打つ。

木琴・鉄琴等

・マレットを用いる。体の前で左右のマレットが直角をつくるように立つ。左手を前方に右手を体の側に構える。
・音板の中央を、手首を使って打つ。

トーンチャイム

　トーンチャイムを使って、グループで器楽や音楽づくりの活動をすることができます。音階の理解にも有効です。一方、細かいリズムの演奏は困難です。木琴など他の楽器と組み合わせると、活動に豊かな響きをもたらすことができます。

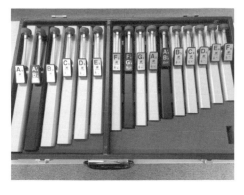

・握る部分を親指で支え、ひじと手首を使って振る。
・音を止める時は、トーンチャイムの先端を胸や肩に付けたり、手で握ったりする。
・前後または左右に振るとトレモロ奏ができる。
・金属部分を手で握ると音が変わる。

箏

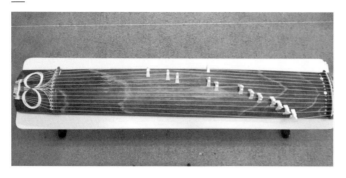

・箏の調弦

平調子(「さくらさくら」などを弾くとき)　民謡音階(わらべうたなどの演奏のとき)

〈実践例〉　「拍の流れ」を感じながら、簡単なリズムの「反復」や「応答」、「音の重なり」を工夫して、器楽の表現を楽しもう。

(1) 手拍子や楽器を用いた音楽ゲームを行い、器楽活動をする体とクラスの雰囲気をつくる。ゲームは、リズムパターンの模倣(「まねっこ」)や、音のバトン、インターロッキングなどのリズムや拍の流れを意識する活動から選択する。

(2) 教材として選択した器楽曲の範奏を聴き、曲想を感じとる。

(3) 演奏する楽器群に分かれ、(クラスの人数によってはグループに分かれて)演奏する。

(4) 自分たちの演奏を録音して聴き、表現の工夫を考える。その際に、冒頭の音楽ゲームを思い出し、拍の流れや音の重なりを意識する。

(5) 考えた工夫をもとに演奏する。

(6) 工夫によって変化したことについて、発表やポートフォリの作成などの言語活動を行う。

課題1

身の回りのモノから出すことのできる色んな音を探求してみましょう。

①どんなモノから、どんな音が出すことができたか(複数探してみてください)。

②モノ・楽器を用いて「音楽づくり・器楽」の活動の流れをイメージして、作成してみましょう。

第6章　音楽づくり

　本章では、音楽づくりの活動の内容について学びます。「音楽づくり」とは、身の回りのすべての音を使い、すべての音楽様式を対象として、子ども自らが音楽をつくる活動のことです。1989 年改訂の学習指導要領より、正式にカリキュラムとして取り入れられました。学校現場の教員からは、音楽づくりが難しい、よくわからないといった意見が聞かれます。音楽づくりは誰でも楽しんで行うことができ、歌唱や器楽、鑑賞活動と相補的に音楽の資質・能力を育むことにとても有用です。

１．音楽づくりの目的

　音楽づくりは、その名の通り「音楽」を「つくる」活動です。ただし、「つくる」といっても、教科書に載っているような、何度も演奏できる曲を完成させる活動というよりは、つくる過程で音・音楽を探求するプロセスを通して学習する活動です。

　以下は、音楽づくりの特徴です。

１身の回りのすべての音を素材とする。(水、風、石、楽器、声、新聞紙、電子音、録音音源など)

２音遊びや即興的な表現が大きな意味を持つ。

３一定の枠組み(音楽の仕組み)をもとにつくることにより、音楽の構造を理解することにつながる。

４一人ではなく、グループで協働して音楽をつくることが多い。

５拍節的ではないリズムや、調性にとらわれない音階などの多様な要素が取り入れられる。

→拍節的とは何か?自分の脈や心拍を感じてみよう。一定のテンポで流れているはず。これが拍節的、ということ。
　拍節的でないとは、不定期な音の連続のことです。

→調性にとらわれない音階とは何か?p.243 を見てください。ここに掲載された音階に基づいてメロディーを作る
　と、響きが「特定の雰囲気」を帯びたように感じられます(日本風、沖縄風、西洋の教会風など)。調性にとらわれないとは、ここに掲載されていない、違った音の組み合わせで作られた音階です。音楽づくりでは、音階そのものをつくる活動も行います。

６我が国の音楽、諸外国の音楽、ポピュラー音楽、現代音楽など、多様な音楽様式の理解へとつながる。

音楽づくりの目的は、「曲想と音楽の構造などとの関わりについて理解する」・「表したい音楽表現をするために必要な技能を身に付ける」(目標(1))ことや、「音楽表現を工夫すること」(目標(2))、「音楽活動の楽しさを体験すること」(目標(3))といったように、学習指導要領の目標にみることができます。

２．音楽づくりの学習内容
　音楽づくりの学習内容は、次の３つのように示されています。

ア　思考力・判断力・表現力等	(ア)即興的な表現を通した様々な発想、(イ)まとまりを意識した音楽づくりの工夫
イ　知識	(ア)響きや組み合わせの特徴、(イ)つなげ方や重ね方の特徴
ウ　技能	(ア)条件に基づいた即興的な表現、(イ)音楽の仕組み(共通事項)を用いた音楽づくり

学年別の段階性
ア
(ア) 低学年で「音遊び」、中・高学年で「即興的に表現すること」(3〜6年」を通しで音楽づくりの発想を得ることとされています。
(イ)　低学年で「どのように音を音楽にしていくか思いをもち」、中・高学年で「どのように(高学年では全体の)まとまりを意識した音楽をつくるかについて思いや意図をもつ」こととされています。

イ　低学年では「(ア)声や身の回りの様々な音の特徴、(イ)音やフレーズのつなげ方の特徴」、中・高学年では「(ア)いろいろな音の響きやそれらの組合せの特徴、(イ)音やフレーズのつなげ方や重ね方の特徴」について、それらが生み出すよさや面白さなどと関わらせて気付くこととされています。

ウ　低学年では「(ア)音を選んだりつなげたりして」、中・高学年では「(ア)音を選択したり組み合わせたりして」表現する技能を育むこととされています。
　いずれの学年でも、音楽の仕組みを用いて(低学年では簡単な)音楽をつくる技能を育むこととされています。

３．音楽づくりの教材
　音楽づくりの教材は、「音楽のしくみに基づく活動の設定」が主となります。音楽のしくみは、一般に［共通事項］にある「音楽を形付くっている要素」の各項目を用います。

そのしくみを活かして創作するために、実際に存在する楽曲を参考にする場合や、授業の中で即興演奏を通して具現化していく場合などがあります。

　歌唱や器楽と異なり、教材の捉え方が難しいと感じる人もいるかもしれませんが、ここでは、音楽づくりの教材は「活動の設定」が一般的であることを認識しておきましょう。

・音楽づくりの学習内容
「音遊びや即興的に表現する活動」

　クラス全体や複数人のグループで、即興的に音を出しながら表現する活動です。この活動では、再現できる必要はなく、その場で即興的に音を出しながらそれぞれアイデアをもとに表現していきます。教師は、活動において何らかのルールに基づいた即興のやり方を示します。それに基づいて、児童とともに即興的な音楽表現を行います。

〈具体例①〉パターンの模倣(まねっこ)で音楽をつくる

　クラス全体あるいはグループで円(あるいは半円)になる。誰か一人(始めは教師が良い)が、2・4拍程度の長さのリズムパターンを即興的に手拍子で演奏する(活動が慣れてきたら、他の小物楽器でも面白い)。他の人は、そのリズムパターンを模倣して、演奏する。

　［誰か一人］→［他の全員］→［誰か一人］→［他の全員］→…の順で、パターンのやりとりによる音楽をつくる。

〈具体例②〉パターンを組み合わせて音楽をつくる

(1) 3~6名程度グループに分かれ、一人ひとりが一定の拍数(4拍が覚えやすい)のリズムパターンをつくる。

(2)そのパターンを、手拍子や小物楽器など、音のなるモノを用いて演奏する。演奏する時は、一人ひとり演奏に加わっていき、パターンを重ねていく。全員のパターンが繰り返される。

(3)演奏の始め方と、終わり方を考える。始め方は、「一人ひとり加わっていく」のでも構わないし、他の方法も可能性がある。終わり方は、全員で揃えて終わっても良いし、だんだん静かになる、だんだん早くなるなど、様々なやり方を試してみよう。

「音を音楽へと構成する活動」

　音を探求し、音楽を構成する活動です。この活動では、何回か再現可能な構造をつくります。

〈具体例①〉身近なモノから出せる音を用いて音楽をつくる

(1) 紙、石など学校内にある素材を用意する(あるいは探しにいく)。

(2) 用意した素材から、どのような音が出せるか試してみる。(適宜グループに分かれる)

(3) 見つけた音をそれぞれ出して全体(あるいはグループ)で共有する。

(4) 見つけた音を用いて、「音楽のしくみ」を活かして即興的に試しながらグループで音楽をつくる。

〈具体例②〉我が国の音楽に用いられる音階を活かして音楽をつくる

(1) 〈さくらさくら〉を鑑賞し、用いられている音階(都節音階)の特徴とその効果を考える。

(2) 都節音階を用いて、〈さくらさくら〉風の旋律を箏や木琴、鍵盤ハーモニカで即興的に創作する。

(3) グループに分かれ、旋律・打楽器(カスタネットやカホンなど)、和音(鍵盤ハーモニカ)に分かれ、自分たちのオリジナルな都節音階の音楽をつくる。

音楽づくりの言葉がけ

　音楽づくりの活動が停滞した時は、児童が「何をどうして良いかわからない」状態であることがほとんどです。「自由につくっていいよ」「何をしてもいいよ」という言葉がけは、逆に児童の活動を混乱させてしまう場合が少なくありません。その時は、「音楽を形づくっている要素」を用いて工夫することを助言すると、活動が活性化することが多いです。「○○(音楽を形づくっている要素)を活かしてつくってみよう」や、「Aくんの即興のここ(音楽のしくみ)がとても良かった」といった音楽のしくみに関する具体的な言葉がけが、活動を前へ進める場合が多いです。

課題1　少人数のグループに分かれて、様々な音楽づくりの活動を実践しよう。その際、どのような言葉がけが、子ども役の人の活動を支えることにつながるか、共通事項を活かして試してみよう。活動が終わった後、全員で音楽づくりにおける言葉がけのあり方を考えてみよう。

第7章　鑑賞

　本章では、鑑賞活動の内容について学びます。音楽科は、「表現」と「鑑賞」の2領域で構成され、相互に関連付けながら展開することが大切です。読者の皆さんも、日常生活で音楽を「聴くこと」があると思いますが、「聴くこと」を音楽科の学習として位置付けたものが「鑑賞」であり、日常生活で「聴くこと」とは色々な面で違いがあります。質の高い鑑賞活動の経験は、表現の活動へと活かされます。

1. 鑑賞活動の背景

　「音楽を聴くこと」は、そもそも身体(耳だけでなく、身体全体)を通した行為です。イヤホンで歩きながら聴くとき、自分のピアノの演奏を聴くとき、ライブやコンサートの会場で聴くとき、聴くという行為は全て、身体との関わりがあります。

　「聴く」際の姿勢は、文化様式によって様々です。「座って黙って聴く」のは、特定の時代(具体的には18世紀以降)の西洋音楽の聴き方に過ぎません。明治期の日本の音楽教育は、当時の国全体で西洋の文化を幅広く取り入れようとする風潮の中で、そうした身体的な行為から西洋音楽を親しめるような音楽教育をしようとしました。今日の音楽科の「鑑賞」観には、その名残があると考えられます。

2. 鑑賞活動の目的

　鑑賞の目的は、音楽室でじっと座って音楽を聴き、「クラシックを好きになる」ことではありません。鑑賞の目的は、多様な様式の音楽を「味わって聴く」ための思考力・判断力・表現力等と知識を学習することにあります。音楽科における鑑賞の目標は、学習指導要領の「第1　目標」において、次のように位置付けられています。

（2）音楽表現を工夫することや、**音楽を味わって聴くこと**ができるようにする。

　これを踏まえ、鑑賞の活動で身に付ける資質・能力について、次のように位置付けられています。

ア　思考力・判断力・表現力等	曲や演奏のよさ、曲全体を味わって聴くこと
イ　　知識	曲想及びその変化と音楽の構造との関わり

　実際の学習においては、アとイを十分に関連づけて展開します。具体的には、次のような学習の流れが一般的です。

(1) ある楽曲を取り上げ、児童の関心を惹きつけて、聴くポイントを示して鑑賞する。
(2) 鑑賞して曲想から感じ取ったことと、音楽のしくみで気づいたことを、グループや全

体で発言して共有する。

(3) 感じ取ったことと、音楽のしくみとのつながりを考える。

学年別の違い

ア　曲や演奏のよさ、曲全体を味わって聴くこと

　曲や演奏の聴く際の態度として、低学年では「楽しさ」を、中・高学年では「よさ」を見出すよう、段階を踏まえて設定されています。

イ　曲想及びその変化と音楽の構造との関わり

　低学年で「曲想と音楽の構造との関わりに気付き」、中学年で「曲想及びその変化と音楽の構造との関わりに気付き」、高学年で「両者の関わりについて理解を深める」というように、聴きとる内容について段階性がもたらされています。

「音楽を味わって聴く」とは

　「味わって聴く」とは、聴く音楽から感じられることや、音楽のしくみに対して、意識して聴く「聴き方」です。より具体的にいえば、曲想と音楽の構造との関わり、音楽を形づくっている要素のはたらき、雰囲気など、鑑賞する音楽の構造とそこから得られる様々な要素の両者を意識し、そのつながりを考えながら、聴くことです。

　「味わって聴く」ことで、よく知っていた曲に魅力を感じる理由が見えてきたり、あまり関心がなかった曲のよさに気付いたりすることがあります。こうした聴き方を、音楽科では必要な技能として位置付けています。

　「味わって聴く」経験を重ねることで、いろんな音楽を比較できるようになったり、好きだった音楽が別の見方ができるようになったりします。そうした、「聴くこと」を通した音楽経験の深まりや広がりがもたらされるよう、鑑賞活動を通して育んでいきます。

・「曲想」

　楽曲に固有な独特な気分、雰囲気、味わい、表情といったもののことを指します。

・「音楽を形づくっている要素」

　学習指導要領には、次のように示されています。

ア　音楽を特徴付けている要素 音色，リズム，速度，旋律，強弱，音の重なり，和音の響き，音階，調，拍，フレーズなど イ　音楽の仕組み 反復，呼びかけとこたえ，変化，音楽の縦と横との関係など

〈実践例①〉【鑑賞】速さの変化に着目して能のよさを味わおう

(1) 速さの変化を取り入れた音楽ゲームを行う。

　　例．先生の手拍子(速さの変化を含む)に応答する。

(2)「羽衣」のダイジェスト版を映像資料によって鑑賞する。鑑賞に際して、事前に題目
　　と登場人物、あらすじ、使用楽器を説明する。

　　鑑賞した後、どのような感じがしたか、児童の発言を共有する。

(3)「羽衣」の音楽的な特徴を、音楽を形づくっている要素の観点から考える。特に、速
　　さに着目する。

(4)「序破急」の考え方を説明する。

(5)「序破急」に注目して、もう一度鑑賞する。

〈実践例②〉

【鑑賞・音楽づくり】インターロッキングな音楽に親しもう

第 1 時

インターロッキングな音楽づくりのゲームを楽しむ。

(省略)

第 2 時

(1)「ケチャ」(インドネシアの民俗芸能)を映像資料によって鑑賞する。

(2)「ケチャ」における音楽の特徴を考える。

・インターロッキング(2 つの構造がお互い噛み合うような構造)な音楽の構造になってい
　ることに気づく。「音楽の縦と横の関係」

・反復される部分と、変化する部分が重なってできている。「音の重なり」

・全体が早くなる部分がある。「速さ」

・軽快な「リズム」に気づく。

・「山のよう」な旋律(エーアー)と、「ラップみたいな」旋律(ケチャケチャ)の特徴。
　「旋律」

第 3 時

　「ケチャ」から見出した音楽的な特徴を活かし、グループに分かれて器楽や歌唱表現を
用いたインターロッキングの構造による音楽づくりの活動を行ってみよう。

第8章　音楽教育の歴史

　本章では、日本を中心とした音楽科教育の歴史について学びます。今日の学校の学習環境や教材、授業展開の方法などは、これまでの歴史の蓄積の上に成り立ちます。授業のヒントを、歴史の中から見つけ出すこともできます。歴史の流れの中に自分の授業を置くことで、自分の授業の課題とよさを俯瞰的な視点から捉えることができます。歴史から、多くのことを学びましょう。

明治期以前の音楽教育

　日本で今日の形のような西洋式の「学校」が始まったのは、明治期以降です。江戸時代には、藩校や寺子屋といった教育の場がおかれていました。しかしそこで音楽が教えられることはありませんでした。

　明治期以前の音楽学習は、基本的にインフォーマル(非公式)な形で行われていたと考えられています。例えば、隠れキリシタンが住んでいた九州・天草地方などでは、本来教会で歌う合唱などの西洋音楽がお経のような形に変えて歌い継がれ教えられていたことが分かっています。また、幕末期には、西洋式の軍楽隊(今日でいう鼓笛隊)が編成され、西洋式の行進曲などが演奏されていました。このように、明治期以前にも日本各地で点描的に西洋音楽による音楽の学習が行われていました。

　他方で、地域の民俗芸能やわらべうたが親や地域の大人たちから子どもへと伝承されており、学校のような公的機関ではない市井の音楽教育の営みをみることもできるでしょう。こうした民俗芸能の伝承は、今日でも一部の地域では続いていますが、家庭や地域内で生活文化に根ざした音楽の学習が行われることは少なくなってしまいました。

明治期の音楽教育

　明治維新を経て、我が国の近代化を図るために、国は文部省を設置し、明治5年に「学制」を制定しました。音楽の授業については、下等小学(6~9歳)の「唱歌」、下等中学(14~16歳)の「奏楽」が制定されました。小学校の音楽の授業は、明治期から昭和16年まで、「音楽」ではなく「唱歌」科だったのです。ただし唱歌科は、当初「当分之ヲ欠ク」と定められ、実際に全国全ての学校で実施されるようになったのは1890年頃と言われています。

　明治14年(1881年)の小学校教則綱領で唱歌科の目的は、「唱歌ヲ授クルニハ自動ノ胸郭ヲ開暢シテ其健康ヲ補益シ心情ヲ感動シテ其美徳ヲ涵養センコトヲ要ス」と記載されています。健康を育み美徳を涵養することが、歌うことによって養われると考えられたのです。

　この唱歌科の発展に深く関わった人物について着目しましょう。伊澤修二は、明治7年に大学の教員となり、幼児へ唱歌遊戯といわれる「唱歌を用いた遊び」を実践するなど、西洋音楽に根ざした音楽教育を始めていました。明治8年(1875年)、伊澤はアメリカへと派遣され、アメリカの音楽教育について知識と経験を得ます。帰国後伊澤は、文部省に「学校

唱歌」を教えるために、音楽教育ができる人材を創出する必要性を訴え、明治 12 年(1879年)に音楽取調掛(現在の東京藝術大学)が設置されました。この音楽取調掛で、音楽専門の教員養成が始められました。

　明治期の日本の音楽教育界には、基本的に日本の音楽は「俗楽」、つまり俗な音楽であると考えました。遊郭で歌われる淫靡なイメージを持つ我が国の三味線音楽や長唄などを忌避し、西欧を模範としあらゆる局面で追いつこうとする風潮があったのです。そして、西洋音楽を取り入れようとする風潮が、当時の音楽教育の基本的なスタンスでした。

　こうした背景のもとで、伊澤修二が目指したのは、西洋の音楽を丸々模倣して教えることのみならず、西洋音楽と我が国の音楽を折衷して、新しい「国楽」を創出することでした。このことは今日の日本の音楽文化の成り立ちを考える上でも重要なポイントです。

唱歌

　明治 13 年(1880 年)、アメリカで伊澤が学んだメーソンという音楽教育家が日本へ呼ばれ、実際に師範学校(当時の教育大学)で授業を行いました。そして、明治 15 年(1882 年)には、初めての音楽教科書ともいえる『小学唱歌集』が作成されました。この『小学唱歌集』に掲載された曲は、当時の西洋諸国の歌に日本語の歌詞をつけたものが中心でした。例えば、〈ちょうちょう〉や〈蛍の光〉などです。私たちが、「日本のふるさと」や「懐かしさ」をイメージするこれらの曲が、日本以外の歌であるというのは不思議なことです。

　次第に唱歌には、日本という国への帰属意識を高め、西洋式の国としての体裁を成立させる役割も担われました。その一例として、明治 24 年(1891 年)に、「祝日大祭日儀式用唱歌」が制定されました。国民には、この唱歌を祝祭日に歌うことが求められました。〈君が代〉もここで制定された曲の 1 つです。

　明治 19 年(1886 年)には、教科書検定制度が成立します。これによって、伊澤修二編『小学唱歌』などの多くの検定教科書が制作されました。なお、これ以降日清戦争が勃興し軍歌が多く作られ流行しましたが、これらも教科書に掲載されていました。

　このほか、明治 19 年(1886 年)以降は、音楽科だけでなく国語や地理など様々な教科で唱歌が用いられました。例えば鉄道唱歌は、東京から大阪までの鉄道の駅や車窓を歌詞に載せた唱歌で、広く親しまれました。

　この時期までの唱歌における大きな問題は、歌詞が文語体であったことです。文語体の歌詞は、子どもにとって覚えづらく、馴染みも薄いものでした。そこで唱歌は、次第に言文一致運動の影響を受けるようになりました。言文一致運動は、書き言葉中心の文学を、話し言葉に近づけようとするものです。この運動の流れを汲み、作曲家田村虎蔵などは、話し言葉である口語体を用いた言文一致唱歌を多く創作し、その後の唱歌のあり方に大きな影響を与えました。

　今日のように、教科書が国によって制定されるようになったのは明治時代の後半です。唱歌科では、明治 43 年(1910 年)に『尋常小学読本唱歌』が、明治 44 年(1911 年)以降にその

内容を吸収した学年別の『尋常小学唱歌』6冊が発行されました。このころの国定教科書には、〈春がきた〉〈もみじ〉など今日の歌唱共通教材にも採用されている楽曲が含まれています。特に、作曲家岡野貞一と作詞家高野辰之のコンビは、〈おぼろ月夜〉や〈ふるさと〉など、今日でも世代を超えて親しまれる曲を数多く創作しました。

大正期の音楽教育

　明治後期から大正期にかけて、欧米の様々な教育思想や思潮が伝えられ、日本の学校教育も新しい教育の形を探求する大正自由教育の運動が起きました。唱歌科もその影響を受け、全国の現場の学校の先生や大学教員が、新しい音楽教育の形を求めて先進的な授業を行いました。例えば、図工における「自由画」を模倣して「自由作曲」が提唱されるなどしました。

　童謡運動も、大正期の教育を語る上で欠かすことができないムーブメントです。童謡は、「童話」に対する言葉として用いられました。童謡運動のきっかけとなったのは、鈴木三重吉が創始した『赤い鳥』という子ども向け雑誌であり、その中で、〈かなりや〉という曲が大ヒットし、童謡運動が始まりました。

　童謡運動の趣旨は、歌詞が難しい唱歌ではなく、子どもに即していて、かつ情緒豊かで感性が育まれるような歌をつくろうというものです。その背景には、自由で開放的な文化が醸成された大正デモクラシーと呼ばれるこの期の文化状況があります。童謡運動の中心人物であった北原白秋はわらべうたを重視し、唱歌に対し批判的な態度を取りました。

　また、『金の船(のちに金の星)』には、詩人野口雨情の作品を中心に多くの童謡が掲載され親しまれました。

昭和(戦前)期の音楽教育

　大正期に広く親しまれた童謡は、唱歌集に載るものは少なく、唱歌教材は引き続き『尋常小学唱歌』が使用されていました。その改訂版が昭和7年(1932年)『新訂尋常小学唱歌』として発行されました。

　第二次世界大戦中の昭和16年(1941年)、小学校は国民学校と改称され、教育内容や目的は大きく変化しました。唱歌科は「芸能科音楽」へと名称を変え、内容に新たに鑑賞が加えられた他、器楽を行っても良いことになりました。一方、「芸能科音楽」の目的は、「歌曲ヲ正シク歌唱シ音楽ヲ鑑賞スルノ能力ヲ養ヒ国民的情操ヲ醇化(じゅんか:手厚く教えるという意味)スルモノトス」と定められ、情操を養う音楽科としての基礎が作られました。この芸能科音楽の時代に起きた変化は、今日の音楽科の内容へ直接つながるものであった一方、軍国主義的な内容に置き換えられたことは大きな点です。

　芸能科音楽の国定教科書は、戦時中であることを反映した曲が増えました。音楽教育が政治的なイデオロギーや政争を反映したものになりうることは留意すべき点です。戦争に勝った際、戦勝国は国威を発動するような音楽を作曲家に依頼する事例も世界中にあります。

我々は、音楽が政治的なメッセージを持ち得ることを意識し、どのような時代にも教育が果たす役割の根幹は揺るがないことへの認識を持つ必要があります。

昭和（戦後）期の音楽教育

　終戦後、日本の学校教育は GHQ による改革が行われました。昭和 22 年（1947 年）、GHQ の指示によって「学習指導要領（試案）」が作成されました。この際、音楽科は今日と全く同じ歌唱・器楽・創作・鑑賞の 4 つの内容が制定されました。その目標は、「音楽美の理解、感得によって高い美的情操と豊かな人間性を養う」と定められました。

　戦後は、教科としての音楽科で育むものは何なのか、本質的な議論が行われるようになりました。歌唱や器楽の演奏を上手くなることだけが、音楽教育の本当の目的ではないのではないか。例えば、「風と川と子どもの歌論争」では、録音された子どもの合唱が一般的な合唱の評価尺度からすると「上手ではない」という意見と、子どもが学習を通して成長した過程こそ評価すべきでないかという意見が交わされました。

　また戦後の日本の音楽教育は、海外の音楽教育の影響を大きく受けてきました。オルフが来日し、オルフ＝シュールベルクについての講演と実践を行いました。また、コダーイに影響を受けた教育者がわらべうたを出発とした教育を提唱したりしました。

　現場でのカリキュラム開発として、岐阜県の古川小学校では創作活動に関する系統的なカリキュラムである「二本立て方式」が実践され、日本中から授業見学に訪れる先生が集まりました。

　また、創造的音楽学習（Creative Music Making）と呼ばれる音楽教育のあり方も影響を与えました。これはアメリカの音楽教育改革に端を発する創作中心の音楽教育のあり方を提唱する教育思想の 1 つであり、その中心には現代音楽や諸民族の音楽、ポピュラー音楽など、当時のアメリカでも音楽科であまり用いられなかった音楽が取り上げられたほか、実際に作曲家が学校で音楽の授業を行うプロジェクトが実践されたりしました。

　次第に、日本国内でも改革的な授業を行う先生が増えたほか、音楽教育の雑誌上で様々な議論が重ねられ、音楽教育に関する研究も充実していきました。

平成期の音楽教育

　平成の始まりの学習指導要領改訂で最も大きな変化は、「つくって表現する」活動が導入されたことです。これは音楽づくりの活動を示すものです。昭和期に多くの海外の音楽教育思想に影響され、日本国内でも現場の教員や大学教員が様々な実践を重ねました。結果として、「楽譜を書いて曲をつくる」のではなく「音を出して試しながら即興的につくる」創作活動が正式に位置付けられました。

　また、平成 18 年（2006 年）には、教育基本法が 59 年ぶりに改正されました。この影響を受け、音楽科では「我が国や郷土の音楽」「音楽文化」への理解が、より重視されるようになります。この影響から、音楽室へ我が国の楽器がさらに配備されるようになりました。

まとめ

　明治以前も含めた日本の長い歴史からみれば、唱歌は、ほんのわずかな年月の間に共有されるようになった日本の新しい音楽です。音楽科では、明治期以前から脈々と受け継がれてきた我が国の音楽を取り上げることがとても大切です。

　一方で、音楽科の歴史が唱歌科として始まったことから、今日でもなお「音楽の授業は歌う授業」だという認識は世間全般に深く浸透しています。そうした中で、「歌唱・器楽の技術」が高められる先生が地域から賞賛される、あるいは「上手な演奏」ができる学校が地域の誇りとなるような現象もみられます。戦前からの長い音楽教育の歴史の中で、音楽教育が果たす役割を社会全般に示すことができなかったのは、音楽科の努力不足かもしれません。

　こうした現状を打破するための1つの方策として、学校外の音楽文化との接続が必要です。今日の音楽科の教科書には、かつての唱歌や童謡のみならず、世界の音楽や我が国の音楽、ポピュラー音楽、ICT の活用事例など多様な内容が掲載されています。音楽科に対する世間の認識に左右されることなく、音楽科がはぐくむ資質・能力が、子どもがよりよく生きる上で大切であると認識し、ぜひ新しい音楽科教育を創造していってください。

課題1　身近な保護者世代や高齢者世代の方に、子どものころ受けた音楽の授業の内容に関する簡単なヒアリングを行い、現学習指導要領の内容や今日の音楽科のあり方との違いを考えよう。

第9章　教材①我が国の音楽

　本章では、我が国の音楽の教材化について学びます。音楽は古来より人間の暮らしや社会を成り立たせる上で重要な役割を果たしていますが、そのあり方や内容、響きは地域によって全く異なっています。その違いを認識し、自らの置かれた文化的状況を省みることにより得られる複眼的な観方は、多文化化するこれからの世界に置いて必要な学習であり、小学校の音楽の授業でも取り上げることは必然です。

我が国の音楽を示す概念

　現在、日本国の領土域内を「日本」と指しますが、長い歴史の中で日本の領土は徐々に拡大してきました。現在の領土域内を日本と規定したのは明治期以降です。私たちは、「日本の●●」と考えるとき、「日本」という概念がどこまでの領域を指すのかを明確にし、我が国が持つ文化的な重層性を認識することが大切です。例えば東北地方と九州地方では、言葉や風習が現在でも異なるように、民謡や伝統芸能にも違いがあります。アイヌや琉球の音楽は特徴が多くあります。○○(国名)の●●とひとことで語らないことは、文化の多様性を考えるときに大切な見方です。

　我が国の音楽は、地域に伝わる民謡や伝統芸能から J-POP や 20 世紀以降に広まった演歌など沢山あります。我が国の音楽を示す言葉として、日本音楽、日本の伝統音楽、邦楽などがあります。その意味内容は、雅楽、能楽、三味線楽など様々なものがあり、複数の系譜を有し一つの流れでは捉えられないのが我が国の音楽の特徴です。

　本書では、「我が国の音楽」は、「日本の伝統音楽に、わらべうたや子守唄のような民衆に歌い継がれた大衆音楽を加え、J-POP などの音楽産業を前提とした音楽を除いた音楽」とします。また、「日本の伝統音楽」を「民族固有の音楽全体から、洋楽と大衆音楽を除いた音楽」とします。さらに、「郷土の音楽」は、「学校区や市町村、都道府県といった自らが住む地域にて伝承されてきた音楽」のこととします。

　日本の伝統音楽は、平安期以前までに、漢字や宗教、他の文化とともに大陸から持ち込まれた文化の影響が色濃くみられます。一方、北海道以北の北方からの流入など、我が国を取り巻く様々な方向から流れ込んできたとみることができます。

　平安期には、雅楽寮という芸能の専門家養成機関が出来、持ち込まれた芸能の国風化が進みました。我が国の音楽は、民衆による伝承とともに、こうした公的機関が果たした役割も大きいといえます。

授業でなぜ「我が国の音楽」を取り上げるのか

　今日の私たちにとって、日本の伝統音楽など、我が国に長く根ざしてきた音楽は身近に感じられないかもしれません。しかしながら、世界中の音楽教育において、自国が有する音楽文化を扱うこと、他国の音楽文化へ理解を深めることは、重要な教育内容です。

なぜならば、音楽の学習は、ある１つの音楽文化を理解だけでは理解したとはいえないからです。音楽文化は、日本とアフリカ大陸で大きく異なることを想像できるように、地域によって全く異なります。しかしその違いとは別に、音楽が祝祭の場面など社会で役割を果たすことなどに共通性をみることもできます。こうした共通性と違いを認識していく中で、音楽文化の多様性に対する複眼的な見方を養うことは社会や世界をよりよくすることにつながります。

　また、多様な音楽文化に触れることを通して、音楽の普遍的な価値や役割を見出すことが、音楽の本質に迫る学びにつながると考えるからです。

　まずは、教師を目指す人自身が様々な我が国の音楽に触れ、そのよさを探求し、興味を広げることから始めましょう。

小学校音楽科学習指導要領にみる我が国の音楽

　小学校音楽科学習指導要領には、次の箇所などに我が国の音楽に関する言及がみられます。

第１　目標
　表現及び鑑賞の活動を通して、音楽的な見方・考え方を働かせ、**生活や社会の中の音や音楽**と豊かに関わる資質・能力を次のとおり育成することを目指す。

　ここでいう、「生活や社会の中の音や音楽」に、我が国の音楽も含まれます。

第２　各学年の目標及び内容
　３内容の取り扱い
鑑賞教材
(3)ア
(1・2学年)
我が国及び諸外国のわらべうたや遊びうた(を取り扱う)
(3・4学年)
和楽器の音楽を含めた我が国の音楽、郷土の音楽、諸外国に伝わる民謡など生活との関わりを捉えやすい音楽(を取り扱う)
(5・6学年)
和楽器の音楽を含めた我が国の音楽や諸外国の音楽など文化との関わりを捉えやすい音楽(を取り扱う)

第３　指導計画の作成と内容の取り扱い
　２　第２の内容の取扱いについては、次の事項に配慮するものとする。

---

(3)我が国や郷土の音楽の指導にあたっては、そのよさなどを感じ取って表現したり鑑
　　賞したりできるよう、音源や楽譜等の示し方、伴奏の仕方、曲に合った歌い方や楽器
　　の演奏の仕方などの指導方法を工夫すること。
(4)
ア　歌唱教材については、我が国や郷土の音楽に愛着がもてるよう、共通教材のほか、
　　(中略)それぞれの地方に伝承されているわらべうたや民謡など日本の歌を含めて取り
　　上げるようにすること。
(5)←ここでは、「和楽器」を用いることが示されています。
(6)
エ　拍のないリズム、**我が国の音楽に使われている音階**(中略)などを自動の実態に応じ
　　て取り上げるようにすること。

　以上のように、歌唱、器楽、音楽づくり、鑑賞のいずれの活動においても、我が国の音
楽を扱うこととされています。

「日本の伝統音楽」のリズム

　韓国や中国の音楽が速く躍動感があるのに比べ、我が国の音楽のリズム感は、「静なる
もの」(福井, 2020)と言われています。我が国の音楽のリズムは、大きく2つの構造に分
けることができます。

「拍のあるリズム」(八木節様式)	「拍のないリズム」(追分様式)
→定期的に打たれる拍を持ったリズム 演奏される楽器の例：三味線、箏、太鼓など 代表的な民謡：八木節(群馬県の民謡)	→拍子感を持たないリズム 演奏される楽器の例：尺八など 代表的な民謡：江差追分(北海道江差地方の民謡)

【鑑賞】

　インターネットを用いて八木節と江差追分を鑑賞し、そのリズムの違いを聴き比べてみ
よう。その違いを、共通事項の「音楽を形づくっている要素」で書き取り、聴いて感じ取
ったこととの関わりについて考えてみよう。

「我が国の音楽」に用いられる音階

　音階とは、言い換えれば「音の階段」のことであり、ある音楽における「音と音との間
隔(=音程)」を示す概念です。ピアノの鍵盤の「ドレミファソラシド」は、長音階という

名前の音階です。例えば、黒鍵だけ「ド」の右上から演奏すると、違った音階で演奏できます。音階の違いは、音楽の響きに変化を感じさせます。

　我が国の音楽で用いられる代表的な4つの音階は、**民謡音階、都節音階、律音階、琉球音階**です。

「我が国の音楽」の構造上の特徴

　日本の伝統音楽を聴くときに感じる、「私たちが日頃親しむ音楽との「違い」は、音数の少なさや、なんとなく暗く感じてしまう雰囲気かもしれません。あるいは、「日本らしさ」を感じる人もいるでしょう。そのように感受する理由は、音楽の構造にあります。

　日本の伝統音楽にみられる構造上の特徴のうち、小学校で取り上げるのは次のようなものがあります。

「間」

　我が国の音楽を特徴づけるものとして、「間(ま)」があります。「間」とは、音と音との間に生ずる緊張感のことです。雅楽や能楽では、音が全くならない瞬間が多数ありますが、そこでは「間」が表現されていると捉えることができます。

「序破急」

　「序破急(じょはきゅう)」は、「日本音楽・日本芸能全般にわたる形式上の三区分」(田中, 2018)です。雅楽、能楽、箏曲など、様々な音楽に「序破急」の構造はみられます。

　「序破急」の一般に、「序」の部分では、非拍節的なリズム、「破」の部分では、比較的ゆったりとした拍節的なリズム、「急」の部分では、「破」に比べて速い拍節的なリズムがもたらされます。

微細な音程の表現

　今日一般化した「ドレミファソラシ」の区切りではなく、五線譜に表せない微細な音程の変化が表現されます。

音色

　西洋音楽では、楽音と噪音を区別し前者を優位に捉えますが、日本の伝統音楽では、雑音的な音色なども含め多彩な音色が用いられます。例えば、三味線の第一弦における「サワリ」や、箏曲における「スリ爪」などが挙げられます。

【鑑賞】インターネットで箏曲〈六段の調〉を検索し、「間」や「序破急」、「微細な音程の表現」の構造、「音色」の特徴を聴き取ってみよう。聴き取って感じたことを、共通事項を手掛かりに自分なりに言葉にして、記述したり他者と共有したりしてみよう。

「日本の伝統音楽」における歌い方

　日本の伝統音楽の全体を見た場合、その中心には歌があります。日本の伝統音楽における歌は、大きく語り物と歌い物に分けることができ、それぞれに独特の節回しがあります。

語り物	歌い物
言葉の抑揚を生かした旋律が主となる。 例）平曲〈那須与一〉	言葉の抑揚より旋律の構造が優先される。 例）民謡〈こきりこ節〉

　それぞれを聴き比べると、私達が考える「歌」との違いを感じるかもしれません。日本における「歌」とは、それぐらい今日の音楽の捉え方と違うのです。
また、日本の伝統音楽では、楽器の練習において**口唱歌(くちしょうが)**が用いられ、歌を覚えることで練習します。また、楽譜を用いる場合でも、五線譜ではなく、日本の伝統音楽に特有の楽譜が用いられています。

【鑑賞】インターネットを用いて平曲〈那須与一〉と民謡〈こきりこ節〉を鑑賞し、それぞれの節回しの違いを比べてみよう。

雅楽

　雅楽とは「雅正の楽」（上品で正しい音楽)という意味で、民衆による俗楽に対応する音楽として位置付けられた音楽であり、宮中や寺社で演奏される音楽の総称です。現在では、宮内庁や春日大社、四天王寺などで伝承されています。その歴史は古く、1300年前から存在しているという記録が残っています。

雅楽で用いる代表的な楽器

　雅楽で用いる楽器には、管楽器、弦楽器、打楽器があり、大陸から伝来したものと、それ以前から日本に存在したものがあります。

管楽器(吹き物)	竜笛、高麗笛、篳篥、笙
弦楽器(弾き物)	箏、琵琶
打楽器	鞨鼓、三ノ鼓など

雅楽にみられる「序破急」
　雅楽の楽曲構成は、序、破、急となるように対照的に構成されています。

楽曲の部分	リズムや拍子	舞
序	非拍節的な序拍子のリズム	雄大
破	8拍子の延拍子のリズム	優美
急	4拍子の早拍子のリズム	軽快

（福井, 2020, p.26 より一部抜粋）

【鑑賞】
　次に挙げる代表的な雅楽を鑑賞してみよう。
〈越天楽〉最もよく知られる雅楽曲であり、器楽曲で唐楽の管絃に属する。作曲者、成立年代は不明だが、平安時代以前にはすでに存在していたと言われる。

能楽
　能楽は、能、狂言、式三番、風流の4種類からなります。演技をする立方、斉唱をする地謡(じうたい)、楽器を演奏する囃子方などによって、能舞台で演じられます。能楽は、長らく日本の貴族層にあたる階級の人々に愛好されてきた歴史があります。

・能
　観阿弥・世阿弥という父子が、1300年代に現在につながる能の原型を作りました。

・狂言
　台詞と演技によって展開される演劇的な要素の強い芸能です。

・式三番
　千歳(せんざい)、翁、三番叟(さんばそう)からなり、能の公演の最初に演じられます。

・風流
　式三番の特別な演出の際に演じられる寸劇です。

　能は、その内容からいくつかに分けられます。代表的なものとしては、
「夢幻能」…過去の人物が現在の世界に登場する前場と、過去を再現する後場に分かれているものがほとんど

「現在能」…時間の経過に従い出来事が演じられる

などがあります。

【鑑賞】

〈船弁慶〉…観世小次郎信光(1435-1516)の作で、源平の時代を題材としています。源頼朝と不仲になり京を下った弟義経が、西国へ船で向かおうとした際の、それまで付き従った愛人の静御前との別れが表現されています。

〈羽衣〉…作者は不明ですが、最も有名な能の演目の一つです。

箏曲

　「箏曲」とは、「箏の独奏曲と重奏曲および箏を伴奏楽器とした声楽曲の総称」(福井, 2020, p.54)です。いわゆる「おこと」として認識されていますが、正式には「箏(そう)」と呼びます。箏曲には様々な流派(筑紫流、八橋流、生田流、山田流)があります。

　箏の歴史は、雅楽の楽器が大陸から伝来した奈良時代と考えられます。はじめは雅楽などの合奏における伴奏楽器でしたが、後に独立した箏の独奏曲が作られるようになります。八橋検校は、箏のための楽曲を多く作曲し、箏曲を確立させた重要な人物です。

　八橋が切り開いた箏曲の世界は、その後、地歌の伴奏楽器として用いられたり、新たな芸能(浄瑠璃など)に用いられたりすることで変容と発展を遂げます。明治期には、洋楽の理論を取り入れた箏曲(〈春の海〉など)を創作しました。

　今日の箏曲の世界には、大きく**山田流**と**生田流**の２つの流派が存在します。両者の違いは発祥地や音楽の内容、爪の形など多数あります。

　小学校の音楽科で、最も取り組まれるのは箏曲かもしれません。その理由として、楽器の普及と、弦楽器であるがゆえに音が出しやすいことが挙げられます。また、自分で柱(じ)の位置を工夫して、オリジナルな調弦をつくり、即興的に演奏する音楽づくりなども行われています。

【鑑賞】インターネットで箏曲〈六段の調〉〈春の海〉を聴いてみよう。

三味線音楽

　三味線(しゃみせん)は、日本の伝統楽器として最も身近に感じられる楽器の一つです。三味線音楽には、地歌や長唄、義太夫節など多様な種類があり、大きく分けると、歌い物と語り物の２つに大別できます。

　学校現場では、三味線がある学校は決して多くありません。また、調弦が必要など、手入れにも手間がかかります。一方、ICT を活用し、タブレット型端末で三味線を音が出せるアプリケーションを用いるなどすれば、擬似的に三味線音楽を体験することもできるでしょう。

【鑑賞】長唄〈勧進帳〉、義太夫節〈野崎村の段〉を聴いてみよう。

民謡

　民謡とは、民衆の間で歌い継がれてきた歌のことです。この用語自体は明治期以降に用いられるようになりました。民謡の定義は様々ですが、今日では一般に子守歌やわらべ歌は除きます。

　現在も、日本各地に民謡が存在します。特に東北や沖縄では、民謡が世代を超えて愛好されている地域が多く存在します。柳田國男・町田佳声の分類によると、我が国の民謡の総数は約 58000 曲と言われますが、そのうち 8~90%は**労作歌**です。労作歌とは、様々な場所での労働で、作業中・休憩時に歌う歌のことです。他には、神事の際に歌う神事歌や、歌を聞かせることを目的とした芸事歌があります。

　民謡は本来無伴奏でしたが、江戸時代に花街や遊郭に持ち込まれ伴奏がつくようになりました。その際主に用いられる伴奏楽器は、三味線です。

　民謡は、民衆の移動が盛んになるにつれ全国に伝播しました。例えば熊本天草地方が起源と言われる〈ハイヤ節〉は、北前船によって全国に伝播し各地で微妙な違いが生じつつ定着していきました。また、長野県の追分宿という宿場町の馬子唄は、陸路で全国に伝えられ各地で追分節が生まれました。

【鑑賞】

　インターネットで自分の出身地の民謡や郷土芸能を検索し、どのような音楽的な特徴があるか、「音楽を形づくっている要素」をもとに分析してみよう。

琵琶楽

　琵琶は、大陸から伝来した楽器であり、宮廷での音楽の伴奏楽器から、後に語り物音楽の伴奏楽器として用いられるようになりました。琵琶楽は伴奏楽器とした声楽曲で、盲僧琵琶、平家琵琶、薩摩琵琶、筑前琵琶などがあり、用いる琵琶の形状や調弦が少しずつ異なっています。

　琵琶の起源は中近東またはインドと言われ、ヨーロッパから東アジアまで類似した楽器が各地に存在します。例えば中国の琵琶(ビーバー)や、トルコやイランのウード、ヨーロッパのリュートは、日本の琵琶とよく似た形状を持っています。

【鑑賞】インターネットを用いて、筑前琵琶〈那須与一〉を聴いてみよう。

アイヌ、琉球の音楽

　我が国には、アイヌや琉球の人々が受け継いできた独自の音楽文化があります。これらは、京や江戸を中心とした明治期以前の「日本」の音楽芸能とは異な理、北方民族や大陸文化とのつながりを持ち、独自の系統を持っています。我が国の音楽の歴史が**複層性**を持っていることを知り、様々な我が国の音楽に関心をもち、そこで暮してきた人々の生活や文化に考えを巡らせて理解を深めましょう。これを通して、これからの我が国の音楽文化を、生活を通してつくっていこうとする思いを子どもに育むことが音楽科に求められる役割の1つです。

【鑑賞】アイヌの楽器「トンコリ」や、琉球の楽器「三線」などについてインターネットで調べ、その楽器の演奏の様子を検索して鑑賞しよう。

〈実践例〉琉球音階に基づいて、木琴、鍵盤ハーモニカやリコーダーなどを用いて、琉球風の旋律の音楽をつくってみよう。

課題1　我が国の音楽を扱う歌唱、器楽、音楽づくり、鑑賞の授業の指導案(略案)を作成してみよう。

第10章 教材②世界の音楽

　本章では、世界の音楽の教材化について学びます。ある地域の音楽文化は必然的に他の地域の音楽文化とつながりを持っています。そうした音楽文化の違いを認識し、それぞれのよさを感じるとともに尊重しようとする資質・能力を育むことは、多文化化がますます進行するこれからの日本においてとても大切な学習です。

世界の音楽

　前章で扱った我が国の楽器は、通信技術や大量生産が可能となる20世紀以前から、大陸との人の往来とともに我が国に伝えられてきました。したがって、我が国の音楽は必然的に大陸とのつながりを見ることができます。例えば箏とほぼ形を同じくした楽器が、朝鮮半島や現在の中国、ベトナムなどインドシナ半島に存在します。また、我が国の音楽でよく用いられる音階は、これらの国の音楽にもみられるものです。

　あるいは、遠く距離を離れた南北アメリカ大陸やアフリカ、インドや中東のイスラーム世界など、世界にはそれぞれに音楽文化を有しています。

　まずは、教師を目指すみなさんが世界中の音楽に触れ、楽しむことから始めたいと思います。今日では、インターネット上の動画視聴サイトで世界の様々な音楽の演奏を聴くことができます。一例として、世界の音楽を調べる際のキーワードとなる様式やジャンル名を挙げます。興味を持ったものは、さらにその音楽様式や文化の成り立ちを調べてみましょう。

ヨーロッパ	アフリカ	西・南アジア	東・東南アジアポリネシア	南北アメリカ
ツィンバロンの音楽(ハンガリー) 女声合唱(ブルガリア) アイリッシュ・ハープ(アイルランド) ツィターの音楽(オーストリア)	トーキング・ドラムの音楽(ナイジェリアなど) バラフォンの音楽(ガーナなど)	シタールの音楽(インド) サントゥールの音楽(イラン) アザーン(イスラーム世界全般) 軍楽隊の音楽(トルコ)	K-POP、サムルノリ、パンソリ(韓国) C-POP、京劇、二胡・琵琶の音楽(中国) ブヌン族の合唱(台湾) オルティンドー、ホーミー(モンゴル) ケチャ、ガムランタンドゥッド(インドネシア) ゴング音楽(フィリピン) アボリジニの歌(オーストラリア) 鼻笛の演奏(タヒチなど)	【様々なポピュラー音楽のジャンル】 ジャズ、サンバ、ショーロ、ボサノヴァ、MPB(ブラジルのポピュラー音楽)、スカ、レゲエ、ヒップホップ、カントリー、ソウル、ラグタイム エスキモーの歌(アメリカ・アラスカ) チャランゴの音楽(ボリビア)

授業でなぜ「世界の音楽」を取り上げるのか
　世界の音楽は、インターネットに代表される情報技術の進展により、それまでにも増して急速に画一化が進んでいます。そうした中で、世界の様々な地域で育まれてきた音楽を、実践を通して経験し理解することは、音楽科の授業が果たす役割の１つです。

小学校音楽科学習指導要領にみる世界の音楽
　小学校音楽科学習指導要領には、世界の音楽の取り扱いついて、次のように位置付けられています。

> 〔第３学年及び第４学年〕〔第５学年及び第６学年〕
> １目　標
> (3) 進んで音楽に関わり，協働して音楽活動をする楽しさを感じ(5・6 学年では「味わい」)ながら，**様々な音楽に親しむとともに**，音楽経験を生かして生活を明るく潤いのあるものにしようとする態度を養う。

　この「様々な音楽」には、我が国だけでなく世界の音楽も含まれます。なお、〔第１・２学年〕では、「身の回りの様々な音楽」と記載されており、進級するにしたがって対象とする音楽が広がりを持つように構成されています。
　世界の音楽の取り扱いについては、次のように位置付けられています。

> 〔第３学年及び第４学年〕
> ３内容の取扱い
> (3) 鑑賞教材は次に示すものを取り扱う。
> ア　和楽器の音楽を含めた我が国の音楽，郷土の音楽，**諸外国に伝わる民謡など生活との関わりを捉えやすい音楽**，劇の音楽，人々に長く親しまれている音楽など，いろいろな種類の曲
> 〔第５学年及び第６学年〕
> ３内容の取扱い
> (3) 鑑賞教材は次に示すものを取り扱う。
> ア　和楽器の音楽を含めた我が国の音楽や**諸外国の音楽など文化との関わりを捉えやすい音楽**，人々に長く親しまれている音楽など，いろいろな種類の曲

　このように、〔第３・４学年〕では生活と関わりがある民謡などを中心とし、〔第５・６学年〕へ進級するにしたがって文化的な側面を意識した授業が展開されるように構成されています。

題材の検討

　世界の音楽の教材化の視点には、次のようなものが考えられます。

(1)「音楽の諸要素や諸要素同士の関連」からとらえる
(2)「音楽文化についての理解」からとらえる

　島崎・加藤(2013,p.13)から抜粋

(1)

　リズム、旋律、音色、音の重なりといった「音楽を形づくっている要素」に着目し、1つ、あるいは複数の世界の音楽を鑑賞して、感じ取ったことと、それらの要素との関わりについて考え、音楽文化の共通点や違いを理解する学習が考えられます。

(2)

　社会における文化のつながりや、舞踊、楽器の視点から、理解を深める学習が考えられます。

課題1　世界の音楽を用いた歌唱・器楽・音楽づくり・鑑賞の実践を考え、学習指導案(略案)をつくろう。

第11章　教科間・校種間連携

１．他教科との関連

　他教科等との関連を積極的に図ることは、子どもの学習経験を教科の枠から開き、包括的に子どもの資質・能力を育むことを可能にします。教員にとっても、教科間連携を通して、自分が置かれた学校組織全体を見渡すとともに、学校教育全体のカリキュラムを意識した音楽の授業を展開する能力が養われます。

　小学校で子どもが得る知識は、科目ごとに分断されるものではありません。例えば、音楽の授業で流行りのJ-POPの楽曲を歌唱する場合、音楽の仕組みや表現の工夫が学習内容となります。しかし、J-POPは、国語(歌詞の構造や表現の仕方)や、社会(音楽産業や文化としての側面)でも学べる教材です。また、算数で得た掛け算の知識を、音楽の音符の拍の長さ(音符の長さは2の等比数列)の理解に応用することもできるでしょう。

　このように、学校で得た知識は実生活の中で科目の枠組みを超えて活用されます。

〈実践例①〉図形楽譜で音楽をつくろう
　音楽の授業で、図形楽譜に基づいて音楽をつくったジョン・ケージの作品などを鑑賞する。
　図工の授業で、幾何学模様のしくみを活かして、図形楽譜を作成する。
　音楽の授業で、制作した図形楽譜をもとに、グループで音楽を創作する。創作する際は、図形楽譜の演奏の仕方(左から右へ進む、時計回りに進む、即興的に自由に各自演奏するなど)を考え、「音楽を形づくっている要素」を活かして音楽をつくる。

２．幼・小の連携

　小学校音楽科学習指導要領では、幼小の連携・接続を次のように位置づけています。

---

(6) 低学年においては，第1章総則の第2の4の (1) を踏まえ，**他教科等との関連を積極的に図り**，指導の効果を高めるようにするとともに，**幼稚園教育要領等に示す幼児期の終わりまでに育ってほしい姿**との関連を考慮すること。特に，小学校入学当初においては，**生活科を中心とした合科的・関連的な指導**や，弾力的な時間割の設定を行うなどの工夫をすること。

　したがって、小学校の教員は、小学校に入学してくる子どもが保育園・幼稚園・認定子ども園でどのような保育を経験してきたかを、カリキュラムや保育の実際を踏まえて理解することが必要です。

領域の考え方

　幼児教育の目標と内容を定めた保育所保育指針・幼稚園教育要領・認定子ども園保育要領（3法令）では、幼児教育を成す5つの「領域」が示されています。「領域」は、子どもの発達をそれぞれ5つの側面から捉えたものです。幼児教育では、「今から『健康』の活動をします」といったように、領域によって活動を区切るのではなく、連続性や系統性をもった日々の活動をいずれか(あるいは複数)の領域から捉えていきます。

　5つの領域とそのねらいは、次の通りです。

領域名	ねらい
「健康」	健康な心と体を育て、自ら健康で安全な生活をつくり出す力を養う。
「人間関係」	他の人々と親しみ、支え合って生活するために、自立心を育て、人と関わる力を養う。
「環境」	周囲の様々な環境に好奇心や探究心をもって関わり、それらを生活に取り入れていこうとする力を養う。
「言葉」	経験したことや考えたことなどを自分なりの言葉で表現し、相手の話す言葉を聞こうとする意欲や態度を育て、言葉に対する感覚や言葉で表現する力を養う。
「表現」	感じたことや考えたことを自分なりに表現することを通して、豊かな感性や表現する力を養い、創造性を豊にする。

幼児期の終わりまでに育ってほしい姿

　幼稚園教育要領等では、卒業までに育ってほしい子どもの資質・能力を「10の姿」として次のように提げています。

> ①「健康な心と体」②「自立心」③「協同性」④「道徳性・規範意識の芽生え」⑤「社会生活との関わり」⑥「思考力の芽生え」⑦「自然との関わり・生命尊重」⑧「量・図形、文字等への関心・感覚」⑨「言葉による伝え合い」⑩「豊かな感性と表現」

　この10の姿は、必ずしも全ての子どもが達成すべき目標ではありません。この姿を目指して保育するよう位置付けられたものです。

　小学校低学年の授業では、この10の姿へ向けて育てられてきた子どもレディネスをもとに、領域と教科の本質的な違いによる小1ギャップを生み出さないよう授業を構成することが大切です。幼児教育において育みたい資質・能力は、次の3つです。

①知識及び技能の基礎
②思考力、判断力、表現力等の基礎
③学びに向かう力、人間性等

このように、幼児教育において育みたい資質・能力は、直接的に小学校教育において育みたい資質・能力につながっています。

3．小・中の連携

学校教育法の改正により、平成 28 年度より小・中学校 9 年間を一貫して教育する義務教育学校が新たな校種として認可されました。これにより、全国に新たな義務教育学校が誕生しています。

小学校と中学校での学習内容は当然ながら独立したものではなく、連続性を持っています。しかしながら、双方の学校・各教科の教員同士の連携の不足によって、中学校に入って授業や学校生活で生じる中 1 ギャップが課題視されています。

双方の理解

小学校と中学校では、まず音楽の授業時数が違います。小学校高学年では 50 時間ですが、中学 1 年では 45 時間、2、3 年では 35 時間となっています。また、子どもが所有する楽器も、多くの場合小学校ではソプラノリコーダーであったのですが、中学校ではアルトリコーダーとなります。

経験の共有

双方でどのような授業をしているのか、教員同士が共有することが大切です。その際、お互いの教育観や音楽観を評価し合うのではなく、それぞれにどのようなことを授業でやっているか知ることが大切です。授業を双方に見学するしくみを設けたり、年に数回でも意見交換する機会を設けたりすることが理想的です。

音楽以外の授業も含め、子ども同士の交流の機会を設けている学校も多く存在します。そうした機会を捉えて、教員間でのつながりを深めておくと、6 年間のカリキュラムを計画する際もより広いしやで見通しが持てるようになります。

課題 1　小学校 1 年生の 1 学期の授業で、どのように幼小接続を意識した授業を行うか、具体的な内容を考えよう。

第12章　特別支援教育と音楽科

　本章では、特別支援教育における音楽科の内容について学びます。

　特別支援教育は、視覚障害者、聴覚障害者、肢体不自由者、病弱者、知的障害者などを対象とし、特別支援学校や特別支援学級において実施されています。

　障害を持つことが、音楽する行為を本質的に妨げることにはつながりません。障害を持つ児童が音楽活動を行いづらいとすれば、その活動の設定や、活動を設定した教師の配慮と理解が十分ではないことが予想されます。支援を必要とする児童の総数は増加傾向にあります。音楽科の教員には、校種を問わず、特別支援教育の視点と技術を持つことが求められるようになっており、本章は重要な学習内容の1つです。

1．学習指導要領における特別支援教育

　特別支援教育において音楽がもつ教育的な価値について、星本と呼ばれる特別支援学校向けの教科書には次のように記載されています。

> ①情緒の安定を図る
> ②聴きとめる、聴き分ける力を育てる
> ③全身をリズミカルに動かし、表現する力を育てる
> ④手指の機能を高める
> ⑤音声言語を導き出す
> ⑥集団参加や協力の態度を養う

『おんがく☆〜☆☆☆』より抜粋

　特別支援学校並びに学級の教育課程は、音楽以外の科目も含め、基本的には小学校の各教科の内容に関連づけられています。音楽科に関する教育課程に焦点を当てると、大きく次の4つに分けられます。

> 1 幼稚園・小学校・中学校・高等学校の各教科授業に**準ずる教育**（以下，準ずる教育）
> 2 幼稚園・小学校・中学校・高等学校の各教科授業に準ずる教育の**下学年適用**（以下，準ずる教育の下学年適用）
> 3 知的障害者である児童生徒に対する教育を行う特別支援学校の各教科（以下，知の各教科）の授業
> 4 各教科の音楽科に替えて，主として**自立活動**の指導を行う授業（以下，自立活動代替の授業）

　「準ずる教育」では、基本的に同学齢の小学校や中学校の学習指導要領の内容と同様の教育課程を設定します。「準ずる教育の下学年適用」では、児童の障害の実態に合わせて、学習指導要領の下学年の内容を流用します。「知の各教科」では、児童の障害の実態に応じて、

個別に教科内容を柔軟に設定します。

　「自立活動代替の授業」について、自立活動は、「個々の児童または生徒が自立を目指し、障害による学習上又は生活上の困難を主体的に改善・克服するために必要な知識、技能、態度及び習慣を養い、持って心身の調和的発達の基盤を培う」のことを目標とした、学習指導要領に位置付けられた活動です。「自立活動代替の授業」では、音楽科の授業に替えて自立活動を実施します。

　続いて、特別支援学校小学部学習指導要領のうち、音楽に関わりの深い内容を抜粋して紹介します。

特別支援学校小学部学習指導要領

第2章　各教科
　第1節　小学部
　　第1款
　　　1　**視覚障害者**である児童に対する教育を行う特別支援学校
（1）児童が**聴覚、触覚及び保有する視覚などを十分に活用**して、具体的な事物・事象や動作と言葉とを結び付けて、的確な概念の形成を受け、言葉を正しく理解し活用できるようにすること。

　視覚障害者である児童に対する教育を行う特別支援学校では、保有する視覚も含め五感を活用した授業を行います。具体的には、モノから出る音や、環境の音などを含め、音と触覚との関わり、音・音楽自体に向き合う活動が想定されます。音楽に関する概念の形成だけでなく、楽器の演奏技能に関しても、身体的感覚を頼りに身につけていく児童もいます。

　クラシックピアニストの辻井伸行や著名なポピュラーミュージシャンのスティービー・ワンダーなどのように、視覚障害者であっても高い演奏能力を身に付けることは不可能ではありません。子どもの実態や意志に即して、知識・技能の内容を吟味することが大切です。

　　　2　**聴覚障害者**である児童に対する教育を行う特別支援学校
（4）児童の聴覚障害の状態に応じて、**補聴器や人工内耳等の利用により、児童の保有する聴覚を最大限に活用**し、効果的な学習活動が展開できるようにすること。
（6）**視覚的に情報を獲得しやすい教材・教具やその活用方法等を工夫する**とともに、コンピュータ等の情報機器などを有効に活用し、指導の効果を高めるようにすること。

　児童の聴力と音楽を学習することとの間には、適切な援助さえあれば特別な障壁はありません。聴こえづらいから音楽ができないわけではない、ということを正しく理解すること

が大切です。

　音楽は「何かしらの音のまとまり」によって構成されます。よって、聴覚に障害を持つ児童に対しては、そのまとまりを視覚的に示し、示したまとまりを操作すること(例えば音楽づくり)によって、音楽のイメージを具現化する活動が想定されます。一方、音程を合わせることや音色を工夫することについては、個別に困難さがみられることから、十分に配慮して行う必要があります。

　　3　**肢体不自由者**である児童に対する教育を行う特別支援学校
(1) 児童の学習時の姿勢や認知の特性等に応じて、指導方法を工夫すること。

　肢体不自由児の障害の度合いは個別に大きく異なるため、個別の対応が必要です。音楽活動では、指を動かしづらい、肺活量が高くないといった背景から、楽器の演奏(鍵盤ハーモニカやリコーダー)が難しいことが挙げられます。また歌唱でも、腹筋の発達が遅れていることなどから十分に声が出ないこともあります。

　肢体不自由児である児童に対する授業では、対象とする児童が知的障害を持っているかによって、必要な支援が大きく変わります。知的障害を有している場合は、知的障害部門の内容を踏まえて内容を吟味する必要があります。一方、知的障害を持たない場合、日常生活では、通常学級の子どもと同じように音楽を聴いたり演奏したりして生活している場合が多く、可能な活動範囲の中で、準ずる教育を実施していくこととなります。

　肢体不自由の方でも著名な音楽家は多く存在します。ジャズピアニストのミシェル・ペトルチアーニは、先天性疾患により低身長として生まれながらも研鑽を重ね、世界的に活躍しました。肢体不自由であることが、決して音楽することの不自由に直結するわけではないことを理解しておきたいと思います。

　続いて、知的障害者である児童に対する教育を行う特別支援学校における音楽科の目標と内容を確認します。

　第2款　**知的障害者**である児童に対する教育を行う特別支援学校
　　第1　各教科の目標及び内容
1　目標
　表現及び鑑賞の活動を通して、音楽的な見方・考え方を働かせ、生活の中の音や音楽に興味や関心を持って関わる資質・能力を次のとおり育成することを目指す。
(1) 曲名や曲想と音楽のつくりについて気付くとともに、感じたことを音楽表現するために必要な技能を身に付けるようにする。
(2) 感じたことを表現することや、曲や演奏の楽しさを見いだしながら、音や音楽の楽しさを味わって聴くことができるようにする。

> (3) 音や音楽に楽しく関わり、協働して音楽活動をする楽しさを感じるとともに、身の回りの様々な音楽に親しむ態度を養い、豊かな情操を培う。

　全体を通じて、「楽しさ」というキーワードがみられます。ここでいう楽しさとは、聴いたことがないものに出会うといった楽しさと、音楽するという行為が有する「楽しさ」の両方があります。リズムや旋律の動きといった音楽のしくみは、子どもに「楽しさ」を感じさせる可能性を持っています。知的障害者である児童に対しては、その「楽しさ」の理由を理解することよりも、「楽しさ」を感じながら、技能や聴くこと、様々な音楽に親しむ態度を育むことが目標となります。

　この指導要領では、歌唱・器楽・音楽づくり・鑑賞の各活動が、1・2・3段階に分けて設定されています。また、[共通事項] も通常学級と同じように設定されています。

　知的障害を有することは、「音楽すること」に何ら障害となりません。障害になっている場合は、活動で取り上げた音楽の構造・仕組みや、活動の内容が難しいからです。例えば、五線譜ではない表記の仕方を工夫したり、決められた楽曲を演奏するだけでなく即興的な音楽活動を取り入れたりするといった工夫が考えられます。

　実際の指導計画の作成は、全体を通して、児童の実態や発達の段階を考慮して選択することが重視されています。この点では他教科と共通しています。

　なお、知的障害者である児童を対象とした学校の学習指導要領において、歌唱共通教材は、小学校学習指導要領に指定された 24 曲より大幅に少ない次の 8 曲(小学校低学年の楽曲)が設定されています。ただし、児童の実態に応じて、これらの曲以外の様々な楽曲を扱っても構いません。

> 「うみ」「かたつむり」「日のまる」「ひらいたひらいた」「かくれんぼ」「春がきた」「虫のこえ」「夕やけこやけ」

音楽療法と特別支援教育

　特別支援教育では、これまで音楽療法のアイデアを活用してきました。

　音楽療法の定義は様々ですが、簡単に言えば、実際に音楽の実践(歌う、聴く、つくる)を対象者が経験することを通して、対象者が有する困難や課題に対し、何らかのポジティブな変化を期待するものです。音楽療法は、主に病院や緩和ケアといった医学領域と、高齢者施設などの社会福祉の領域、そして特別支援教育など幅広いフィールドで実践が行われてきました。音楽療法が実践できることを示す資格には民間の資格が存在し、一例として日本音楽療法学会が与える「日本音楽療法学会認定音楽療法士」の資格などがあります。

　音楽療法には、「受動的音楽療法」と「能動的音楽療法」があります。「受動的音楽療法」は、音楽を聴くことを中心とした療法です。一方、「能動的音楽療法」は、クライアントが音楽を演奏したり、つくったりすることを中心とした療法です。双方に目的と期待されるク

ライアントの変容があり、音楽療法士はクライアントがおかれた状況を踏まえ、1回のセッションごとの計画を立てて実施します。

　音楽療法のアイデアには、児童の障害を中長期的に改善する効果を期待できるものもあり、これまで多くの特別支援学校で取り入れられてきました。特に、自立活動において、音楽療法のアイデアは有用な知見を持っています。

　ここで重要なのは、音楽の授業で音楽療法を行うわけではない、ということです。音楽の授業は、あくまで一教科としての学習内容をもち、そこで育む資質・能力が目標として位置付けられています。音楽の授業、自立活動、音楽療法の3者の関係を正しく認識しておく必要があります。

自立活動と特別支援教育音楽科

　特別支援学校では、自立活動において音楽活動をすることがよくあります。

　学習指導要領における自立活動の目標は次の通りです。

> 個々の児童または生徒が自立を目指し、障害による学習上又は生活上の困難を主体的に改善・克服するために必要な知識、技能、態度及び習慣を養い、持って心身の調和的発達の基盤を培う。

　このように、改善・克服のために必要とする知識、技能、態度と、音楽科が目標とする資質・能力の両者を分けて捉え、関わりの中で子どもが育つイメージを持つことが必要です。

> 自立活動における音楽活動の例
> ・音楽を聴く(感じる)ことで、身体を自然に動かす。
> ・児童と教師との間で、動きやリズムパターンの応答的なやりとりを楽しむ。
> ・平易な合奏活動を行い、他者に合わせることを経験する。

特別支援学校・学級向けの音楽教科書

　特別支援学校で用いられる教科書としては、**星本**と呼ばれる教科書が存在します。内容は、小学校音楽科で扱う楽曲を用いて、小学校より対象の学齢を低く設定し掲載しています。又、五線譜でなく歌詞のみ記載されているかわりに、紙面全体に情緒豊かな絵が書かれています。五線譜のように、内容を理解するために知的理解が必要な媒体ではなく、音響(聴覚)と絵(視覚)から音楽を感じ取ろうとすることを意図しています。実際の授業では、教員が各自工夫して教材を研究・作成している場合が多いと考えられます。

音楽科の学習における具体的な困難と合理的配慮の例

　主な困難さは、次のようなものが考えられます。
・読譜
・概念の理解(音とは、音楽とは)
・身体運動
・「合わせる」難しさ(合奏・合唱)

これらの具体的な困難に対する合理的配慮として、次の 2 つのアプローチが考えられます。

①通常学級における活動の展開を基盤として捉え、**環境づくりや活動内容の軽減・簡易化に**よって活動を実現する合理的配慮
②通常学級とは異なる活動を想定し、**支援を必要とするどの児童も自身の創造性を働かせながらできる音楽活動**を構想する合理的配慮

　①は環境や活動内容の軽減・簡易化によって、②は活動自体の設定によって、音楽活動をユニバーサルデザインにしようとするものです。
　具体的に『小学校音楽科学習指導要領』には、「第 3　指導計画の作成と内容の取り扱い」において次のような記述があります。

・音楽を形づくっている要素(リズム、速度、旋律、強弱、反復等)の聴き取りが難しい場合は、要素に着目しやすくなるよう、音楽に合わせて一緒に拍を打ったり体を動かしたりするなどして、要素の表れ方を視覚化、動作化するなどの配慮をする。
・多くの声部が並列している楽譜など、情報量が多く、児童がどこに着目してよいのか混乱しやすい場合は、拡大楽譜などを用いて声部を色分けしたり、リズムや旋律を部分的に取り出してカードにしたりするなど、視覚的に情報を整理するなどの配慮をする。

音楽科におけるユニバーサルデザイン

　ユニバーサルデザイン(以下 UD)は、誰もが使えるものにするために、デザイン自体を変えることです。音楽の場合は、音楽行為のデザインを UD に変える必要があるということになります。UD の観点からみた音楽活動は、視覚化や動作化だけでなく、活動自体を UD にすることが求められているといえます。
　歌唱共通教材を歌唱活動で取り上げる場合、歌詞を覚える、ピッチを合わせる、リズムを正確に表現する、歌い始めを揃える、歌唱表現を工夫する、といった表現の工夫が求められます。これらはいずれも複雑な音楽的変数操作が必要であり、楽曲自体が UD とは言い難いといえるでしょう。
　一方、音楽づくりの活動において「ラシの 2 音で自分のわらべうたを作る」といった活動は、UD に近い考え方だといえます。この 2 音で旋律をつくれば、どのような旋律の動きも

わらべうた風の構造になります。つまり、学習者が有する障害によって活動に障壁が存在しない音楽のしくみややり方を選ぶことが、音楽科の UD だと考えることができます。

　言い換えれば、支援によって通常学級と同じように活動ができ、同じような楽曲が演奏・表現できるようにするのではなく、音楽側をユニバーサルなものに取り替えるということです。

　そのために、学校教員は、「音楽」「即興」「音楽を作ること」に対する自身の見方や、「音楽に対する価値判断」の尺度を、現在存在するあらゆる音楽実践のあり方を踏まえて刷新していく必要があります。現代アート、現代音楽、様々なポピュラー音楽、諸外国の音楽などに柔軟に触れ、自身の音楽経験を豊かにしていく中で、教材的可能性を探っていくことが大切です。

課題1

　対象とする児童の障害(知的障害、肢体不自由など)を指定し、表現または鑑賞の活動のアイデアを考えてみましょう。また、実践する際に、活動に対して児童が感じる困難にどのようなものが想定されるか、それに対しどのような合理的配慮が必要かを想像してみましょう。

課題2

　音楽科においてどのような点でユニバーサルデザインを具現化できるか、アイデアを考えてみましょう。

コラム　「音遊びの会」の実践から学ぶ

　障害者を対象とした音楽活動に関して、「音遊びの会」というグループの取り組みから多くを学ぶことができます。

　「音遊びの会」は、ジャズギタリスト・即興演奏家であり、あまちゃんの OP テーマを創作した大友良英を含む、即興演奏を楽しむアンサンブル集団です。2005 年に結成され、神戸を中心に活動し、発起人は音楽療法研究者の沼田里衣です。メンバーには、プロのミュージシャンに加え、様々な知的障害を有する人（子ども含む）が参加しています。

　「音遊びの会」の演奏は、基本的に即興演奏によって行われます。知的障害を有する人が出した音や音のパターンに対して、他のメンバー(主にプロのミュージシャン)が即興で応え、数分から数十分の即興演奏を繰り広げていきます。彼らの即興は基本的に複雑な和音の仕組みや調性に基づいておらず、リズムや音色への反応、パターンの組み合わせによって展開されます。この会が有意義であった点の 1 つに、プロのミュージシャン側の意識も変容させた点が挙げられます。

　障害を持った人を、対等なミュージシャンとして参加してもらった点が大きく評価され、その活動 DVD は英訳され世界的に影響を与えています。

　知的障害である児童を対象とした特別支援学校における音楽の授業は、個別の実態に対応しつつ、楽しさを基盤として音楽の学びが得られる活動を展開すること、そのために教師が活動する音楽のしくみややり方自体を、児童が創造的に関わることができるものとすることが大切です。音遊びの会の実践から得られることは、沢山あるのではないでしょうか。

参考：音遊びの会 HP　http://otoasobi.main.jp/

第 13 章　ICT の活用

　ICT の活用は、音楽科の授業を大きく変える可能性を持っています。音楽科は、長らく映像や音源資料を用いてきた経緯があり、他教科に比べ ICT を活用してきたといえます。学校現場でのタブレット端末の普及率の上昇や通信環境の整備により、ICT を活用できる可能性が開かれています。本章では、ICT を活用した音楽の授業を考えていきます。

ICT を活用に関する基本的な考え方

　ICT の活用には、次のようなメリットがあります。

①共有する

　映像資料や楽譜、授業内容の解説資料などを、大型モニターやプロジェクターを用いて全員で共有できます。

　また、ネット環境を活用することができれば、教員から活動のための資料を児童のタブレット型端末へ送信したり、児童が作成した文章や楽曲のデータを教員へ送信したりすることができます。

②演奏を聴く

　録音機能や音楽創作用アプリを用いることで、活動中の演奏を録音し、聴くことができます。これによって、表現の工夫を自分たちで考えやすくなります。また、ネットに接続することができれば、YouTube などの動画視聴サイトを用いて様々な音楽を聴くこともでききます。

③用いる音・楽器を広げる

　タブレット型端末や PC で音楽創作用アプリを起動させれば、日本・世界中の様々な楽器や、電子音を用いて音楽を演奏したり、創作したりすることができます。

④身体の可能性を広げる

　音楽創作用アプリを用いることで、人間の身体では演奏することが不可能な音型や音高、リズムの音楽を作ることができます。また、一人でもたくさんの楽器や声を録音して音楽をつくることができます。

　これらは一例に過ぎず、これからもっと沢山の活用方法が生み出されると考えられます。続いて、実際の児童の活動において ICT を用いるアプリを取り上げます。

・Chrome Music Lab

　タブレット型端末を用いて、Chrome Music のページへアクセスします。このページでは、誰でも直感的に音楽をつくって再生することができます。また、作ったデータは、URL 化して保存することができます。

https://musiclab.chromeexperiments.com

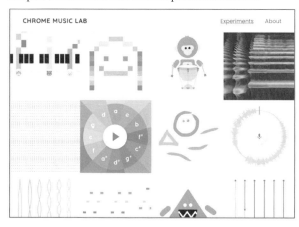

・Scratch

　学校現場で活用しやすい平易なプログラミング学習ソフトです。音楽のしくみを数値化し、Scratch に入力していくことで音楽をつくることができます。

https://scratch.mit.edu

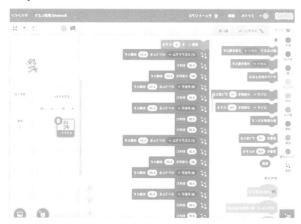

・GarageBand

　Apple 製の製品(iPad など)に無料でインストールされているアプリケーションです。このアプリでは、世界中の様々な楽器の音が初めから設定されており、演奏したり創作したりすることができます。

(MacBook にインストールされた GarageBand の操作画面)

〈実践例①〉ICT を活用した歌唱活動

(歌唱表現の工夫)

①タブレット型端末で録音機能や GarageBand 等の創作用アプリを起動し、自分・グループの歌声を、録音する。

②録音した音楽を聴き、表現の工夫を考える。

(多重録音で本番作品をつくる)

①タブレット型端末で GarageBand 等の創作用アプリを起動し、ヘッドホンやイヤホンでクリック音(テンポを確認するために 1 拍ずつ鳴る音)を聴きながら、一人あるいはグループで、ある一つ旋律を録音する。

②旋律を聴き、確認する。修正点があれば、もう一度録音し直す。

③他の旋律を録音する。

　この流れで多重録音を行い、全体の演奏を完成させる。

④つくった作品を全員で鑑賞する。

〈実践例②〉ICT を活用した器楽活動

　GarageBand に搭載されたアプリケーションにある様々な音を活用する。

　特に、世界中の民俗音楽の音色が標準設定されており、演奏を擬似体験することができます。また、電子楽器では、音色の変調を施せることも魅力的です。

〈実践例③〉ICT を活用した音楽づくりの活動

Chrome Music Lab を用いて、創作活動
を行います。

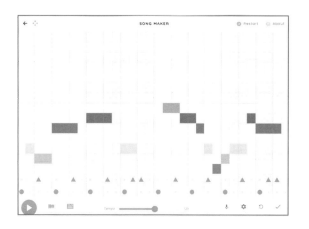

https://musiclab.chromeexperiments.com/
へアクセスします。Song Maker を開きま
す。左から右へと音楽が進行します。テン
ポや音階を設定して、旋律やリズムをつく
ることができます。

　我が国の民謡や J-POP にみられる 5 音
音階を鑑賞し、ドレミソラの 5 音を用い
て、旋律をつくってみましょう。

〈実践例④〉ICT を活用した鑑賞活動

　YouTube 等の動画視聴サイトに掲載された楽曲の動画を活用することができます。教師
が参考演奏資料として選んで用いるだけでなく、児童が自分で動画を選択する鑑賞活動も
考えられます。

(1) YouTube 等で自分が他者に紹介したい楽曲を選ぶ。

(2) 選んだ楽曲の魅力を、音楽を形づくっている要素に基づいて 1 分間で説明できるよう
　　に、準備をする。

(3) 4 人程度のグループに分かれ、タブレット型端末を用いて、それぞれ選んだ楽曲を視聴
　　し、楽曲の魅力を伝え合う。

　他方で、ネット上に公開された動画を視聴する際には、授業の中で著作権への配慮につ
いて触れるようにしましょう。

評価への活用

　ICT を活用することで、活動の記録をデータとして保存できるため、評価のためのエビ
デンスを入手できることも有益です。

　ICT を従来の活動に補助的に活用するだけでなく、新たな音楽活動の様々な可能性がひ
らかれているのです。

課題 1　ICT を活用した歌唱、器楽、音楽づくり、鑑賞のいずれかの活動を考えて、指導
案の略案を作成し、グループで実践してみよう。

第14章　年間指導計画と学習指導案

　本章では、年間指導計画と学習指導案の作成について学びます。

　幼児教育は、「遊びを通じた学び」を育むために「教育者が意図しない学習」を重視しています。一方、小学校以降の教育は、あらかじめ学習指導要領に示された「教育内容」を学習するために、教師が学習活動を「意図的に、段階的に構成する」点で大きく違います。学習内容を順序立てて編成したものを教育課程(＝**カリキュラム**)と言います。

　教師には、初年次から教育課程の編成を行い、都度評価を行い修正していくことが求められます。

１．学習指導計画

　教育課程は、１年間でどう編成するか（年間指導計画）、１か月でどう編成するか（月間指導計画）、単元ごとにどう編成するか（単元・題材指導計画）、その時間をどう編成するか（学習指導案）という形で具現化されます。

年間指導計画の作成

　年間指導計画は、一般に学年開始の初めに作成します。教科目標、学年目標、指導内容を分析し、その学校・クラス・地域・に求められるオリジナルの指導計画を作成します。テキストにあるように、学習指導計画の作成には、①学校全体の教育計画、②カリキュラムマネジメント、③アクティブラーニングといった視点を含めることが大切です。
音楽科に与えられた時数は次の通りです。

1学年	2学年	3、4学年	5、6学年
68(2)	70(2)	60(1.7)	50(1.4)

注：(　)内は週当たりのコマ数。

　音楽科の能力は、器楽・歌唱・音楽づくり・鑑賞と色々な活動を経験しながら、らせん的に身につくものです。リコーダーの能力、歌唱の能力、音楽づくりの能力、といったように、活動内容で分けて捉えないことが大切です。できるだけ多様な活動を取り入れながら、半期、１年、６年間というようなマクロな視点で、児童の能力を育む学習課程を作成していきます。

　音楽科の学習指導要領は、様々な活動が組み合わせられており、**それらの活動全てが学習指導要領の定める内容に関連づけられています**。また、すべての活動を通して**共通事項**が学習内容に組み込まれています。

年間指導計画の事例(一部)

扱い月	時数	題材名	題材の目標等	教材名	学習指導要領の内容との関連	主な学習の窓口[共通事項]
4 5	2	日本の歌のよさや美しさを味わい、表現を工夫しよう	歌詞の内容や曲想から日本の歌の持つ情緒を味わい、曲にふさわしい表現を工夫する。	春の小川 さくら〈独唱〉	歌唱ーア	旋律、強弱、音色、リズム
	2	様々なポピュラー音楽の特徴を理解して、その魅力を味わおう	身近なポピュラー音楽の歌詞や曲の特徴を理解し、そのよさや美しさを味わいながら聴く。	子どもが選んだJ-POP楽曲 カントリー・ロード	鑑賞ーイ、ウ	旋律、強弱、音色、リズム、音の重なり、フレーズ、音楽の縦と横の関係
6	4	言葉の抑揚や音階の特徴を活かして旋律をつくろう	5音音階のしくみや、歌詞の言葉の抑揚を活かして旋律をつくる。		音楽づくりーア、イ	旋律、強弱、音色、リズム、音の重なり、フレーズ、音楽の縦と横の関係

　また、学校行事との関係が深いのも音楽科の年間指導計画の特徴です。例えば、多くの場合3学期に「卒業式」が含まれます。卒業式の歌の練習のような活動でも、学習指導要領の内容や共通事項と関連づけ、あくまで音楽科の学習課程として位置付けることが大切です。

　カリキュラム・マネジメントの観点から、他教科や特別活動、道徳などと関連づけ、学校教育全体を俯瞰しながら音楽科の学習指導案を作成しましょう。

２．題材

　「題材」は、他教科でいうところの「単元」と基本的に同義です。音楽科の活動は、小学校6年間を通じて継続的に積み重ねられるものであり、他教科のように独立したものではないため、「題材」とすることが一般的なのです。

　題材は、目標、内容、教材、評価計画、評価規準、展開過程、資料等から成ります。その構成は、大きく分けて次の2つがあります。

「**主題による題材構成**」
→活動の核を、特定の主題におく。
「**楽曲による題材構成**」

> →楽曲自体のよさや美しさ、音楽のしくみを、学習内容とする。その曲を題材とする学習上の理由が必要。

3. 学習指導案の作成

指導案の作成は、一般に次の流れで行います。

①児童のこれまでの学習や能力等の実態(レディネス)を把握する。

②学校目標、年間指導計画における授業の位置づけを踏まえて、「子どもに育みたいこと」を明確にし、授業のねらいを設定する（目標設定）。

③活動に適した「楽曲」や「活動」を吟味し、選択する（教材研究）。

④評価規準を設定する。

⑤題材の学習指導計画を作成する。

⑥本時の具体的な授業展開を作成する。

・指導案に含む項目（教員や学校のある地域の委員会によってフォーマットが若干異なりますが、基本的な内容は同じです）

> ・題材名
> ・題材の目標
> ・題材について
> 　（1）題材観
> 　（2）児童観
> 　（3）学習指導要領との関連
> ・教材について（＝教材観）
> ・題材の評価規準
> ・題材の学習計画と評価計画
> 　・学習計画
> 　・評価計画
> ・本時の展開
> 　（1）本時のねらい
> 　（2）本時の展開
> ・楽譜などの資料

評価規準の3つの観点

知識・技能	思考・判断・表現	主体的に学習に取り組む態度

学習指導案の例

時配	○学習内容 ・主な学習活動	△教師の補助的な発問 □教師の働きかけ
5	○常時活動として、手拍子を用いた応答的な音楽ゲーム(まねっこ)を行う。 ○本時のめあてを確認する。 ・前時に鑑賞した我が国の音楽の音階(民謡音階)を振り返り、その音階をもとに旋律づくりを行うことを理解する。 日本の音階を使って旋律をつくり，リコーダーや木琴で演奏しよう 。	□活動の過程で、児童の音楽的な発想のよいところを積極的に評価する。 □活動に参加しづらい児童に対して、具体的な音楽のしくみによるヒントを提供する。 △「友達と同じでも大丈夫」「いいおとで叩けたね」「おもしろいリズムだね」「よく拍の流れを意識できたね」
35	○民謡音階や律音階など、音階を選んで、即興的に旋律をつくる。 ・伴奏のグループと旋律をつくるグループに分かれる。伴奏のグループは、カホンや打楽器を用いて繰り返しのパターンを演奏する(譜例1)。 ○児童同士で、即興した内容について工夫した点やよさを感じた点を教諭する。 ○4~5名程度のグループに分かれ、音階を用いて構成のある音楽をつくる。 構成の例：A-B-A'　A-B-C　など	□積極的に児童の即興演奏に肯定的な言葉がけを行う。その際は、音楽のしくみや具体的な表現の工夫を取り上げるようにする。 △「1音のみでも良いよ」「いろんな音を使っていたね」「繰り返しがあるから覚えやすい旋律だね」 共通事項に関連づけて発言している様子を積極的に評価する。 使用する楽器は自由に選んで良いこととする。 △「音楽を形づくっている要素を工夫してつくってみよう」「1つのアイデアが生まれたら、真逆の要素を持ったもう1つのアイデアがそこから生まれるよ」
5	○本時の振り返りを行い、学んだことや身に付けたことを全員で共有する。	振り返りの内容は、自身のポートフォリオに記入するか、タブレット型端末で記入し共有フォルダに入れておく。

（譜例は省略）

4. 一般的な授業の流れ

　音楽科は、授業展開や時間配分の自由度が他教科に比べ比較的高いといえます。児童のレディネスやクラスの雰囲気などを踏まえ、柔軟に時配や展開を考えてみましょう。
　ここでは、他教科と同じく、「導入」「展開」「まとめ」の３つの区分に基づいて、授業の流れの一例を紹介します。

導入（５〜１０分程度）
・前時までの振り返り
・本時の学習内容への関心を持つ
・常時活動
・楽器等の活動の準備

展開（３０〜３５分程度）
・主活動
・子どもが聴く、音を出して試す、表現を工夫するなど、音・音楽と関わる活動によって展開する

まとめ（５〜１０分程度）
・学んだこと、できるようになったことなどを振り返る
・グループでの発表
・次時へのつながり
・楽器等の片付け

　音楽科の時配は、他教科に比べ調整されることも多く、教師が子どもの活動をよくみて、活動の深まり具合や行き止まり具合を踏まえて、まとめの内容と時間を調整します。
　また、活動では、クラスの実態に応じて、活動のルールを共有することが大切です。

ルールの一例

・楽器を出す・片付け方を示す
・楽器は大切に扱う
・他の人が発言や演奏をしている時は、音を出さないでよく聞く

　これらのルールは、あくまで活動を円滑に進めるために児童と共有するものだということに留意しましょう。

課題1　「主題による題材構成」と「楽曲による題材構成」の事例をいくつか作成してみよう。
課題2　小学校音楽科の学習指導案を作り、グループで模擬授業をしてみよう。

付録　音楽科における新型コロナウイルス感染症防止対策

1．音楽科の授業における感染予防の取り組み

　2021 年現在、世界的に新型コロナウイルス感染症が蔓延しており、日本の学校は感染対策のもとで授業が行われています。音楽科は、感染対策が最も困難な科目の一つであるといえます。その理由は、次のようなものです。

遠隔授業	対面授業
・児童の自宅の通信環境、パソコンやタブレット型端末の所有実態のばらつき。 ・児童の自宅に学習に必要な楽器が十分にない。 　リコーダーとけんばんハーモニカが最も所有率が高いが、一人で演奏しても学習目的が見出せない。 ・そもそも、音楽活動ができる環境に住む児童ばかりではない。 ・演奏に際して、通信環境が 4 G では十分でない。音が遅れる、リズムがずれるなど。 ・鑑賞活動は、教科書会社の HP が公開されているなど一部の楽曲で可能ではあったが、聴いて感じたことについて、共通事項を用いて言語活動するには、一人では十分でない。	・間隔をあけて座ると、グループでの音楽づくりや音楽遊びはできない。 ・歌は、最も感染リスクが高いため、ハミング以外できない。 ・マスクをしたまま歌うと、呼吸が苦しい。 ・リコーダーは、息を吐き出すため、感染リスクが高まる。 ・楽器を触る際に不特定多数が接触することのリスク。 ・換気をしながら音楽活動をすることによる、近隣からの騒音の苦情。

　なお、文部科学省が示した**自宅での音楽科の学習事例**は、次のようなものです。

音楽の工夫例
○教科書に掲載されている教材曲について、人から聞いたり、インターネット等で調べるなどしながら、その曲を歌ったり演奏したりしてきた人々が、曲に対してどのような思いをもっているかや、どのように歌ったり演奏してきたのかについて考える。それをもとに自分はどのように歌ったり演奏するかを考え、家庭で可能な範囲において、実際に歌ったり楽器で演奏したりする。（取り上げる教材曲としては、学習指導要領に示されている歌唱の共通教材や、長い間親しまれてきた唱歌、それぞれの地方に伝承されているわらべうたや民謡など日本の歌が考えられる。）

○授業で鑑賞した音楽について、その音楽のよさを見いだし、自分なりに感じたことや理解したことをもとに、その音楽について人に紹介する紹介文を作成する。その際、CD やインターネット等を活用して、その音楽を聴くことができる環境がある場合は、その音楽を鑑賞しながら考えるようにする。

２．飛沫感染に関する科学的知見

　感染症対策において、科学的知見(エビデンス)が重視されています。科学的知見を頼りにする事で、主観に頼らず様々な事柄の判断ができると考えられているようです。音楽科の活動に関しても、様々なエビデンスに基づく提案がなされています。

歌唱

　歌唱の飛沫感染のリスクに関して、次のような研究が行われています。

東京都交響楽団が発表した演奏会再開への行程表と指針の資料「COVID-19 影響下 における演奏家再開に備えた試演」の粒子計測」(https://jcanet.or.jp/JCAchorusguideline-ver1.pdf より抜粋)

歌手及び楽器から発生する飛沫の計測結果では、男性歌手の発する飛沫の数及び頻度が最多であった。歌い方によって飛沫の飛び方は異なり、ドイツ語の朗々とした歌い方では飛沫はそれほど多くなく、イタリア語で破裂音が多い曲では多くの飛沫が見えた。大きめの粒子などはほぼ真下に落ちる一方で気流に乗る小さな粒子もあり、顔付近の粒子濃度が増えて行く様子が観察された。なお**母音の発声時には、ほとんど飛沫は確認できなかった。**
微粒子の計測では、ドイツ語の歌の時は、どの粒径の粒子についても明確な変動は見られなかった。イタリア語で破裂音の多い歌の時は明確に粒子の増加が観察された。歌手と計測装置を 180cm 離し、全く同じ歌のフレーズを再度歌った際には、粒子数の増加は明確には見えなかった。

リコーダー

　リコーダーは、小学校音楽科における重要な教具の１つです。ゆえに、教員には、感染リスクを減少させながら、いかに「児童と音」「児童と他の児童」が関われるかを考える必要があります。
　全音楽譜出版社・豊橋技術科学大学飯田研究室によるリコーダーの飛沫感染に関する研究の資料「プラスチック・リコーダーにおけるウイルス感染症防止ガイド」

距離をとる

飛沫感染を防ぐため、人との間隔は2メートル以上の距離をあける。

換気をする

飛沫核感染は空気中にウイルスを含む微粒子が漂うことで起きるため、密閉状態を回避し、換気することが重要。

リコーダーを振らない

リコーダー内に生じた水滴からの感染を防ぐため、演奏後は管内の水滴が周囲へ飛散しないよう注意する。

強く吹き込まない

演奏中に管が水滴で詰まった場合、強く息を吹き込んで水滴を除去しない。

リコーダーを水洗いする

使用後は解体し、適切な消毒や流水での洗浄を行う。この時、洗浄前に管内にたまった水滴が飛散しないように注意する。

手洗いをする

演奏後、また授業終了後は石鹸や手指用消毒剤をしようし、しっかりと手を洗うこと。

　この他に、水洗い場の混雑を避ける、マスクを取って演奏するため、その際に咳をしたり、おしゃべりをしたりしないように配慮することも必要となるでしょう。

　現在音楽は授業の実施の困難に最も直面している科目ですが、様々な知見が既に得られており、安全対策に何が必要かも徐々にわかってきています。以上のような科学的なエビデンスを踏まえ、授業における感染対策を教員自身が判断することが求められています。

課題1　音楽の授業について、新型コロナウイルスの感染を防止するためにどのような工夫が求められるか、**歌唱、器楽、音楽づくり、鑑賞**の4つの活動別に考えてみましょう。

第15章　歌唱共通教材

1．歌唱共通教材とは

　歌唱共通教材は、各学年4曲、全24曲設定され、年間指導計画の中で<u>必ず扱うこと</u>とされている、歌唱のための教材曲です。歌唱共通教材の教材的価値は、①〔共通事項〕を用いやすい教材であること、②日本において世代を超えて歌い継がれていること、大きくはこの2つの理由によって教材としての価値があります。「扱わなければならない教材」ではなく、「学習を進める上で取り扱いやすい楽曲」として肯定的に捉えて、それぞれの楽曲のよさを見出して教材として取り入れていきましょう。

歌唱共通教材の一覧

歌唱共通教材					
第1学年	第2学年	第3学年	第4学年	第5学年	第6学年
うみ かたつむり 日のまる ひらいたひらいた	かくれんぼ 春がきた 虫のこえ 夕やけこやけ	うさぎ 茶つみ 春の小川 ふじ山	さくらさくら とんび まきばの朝 もみじ	こいのぼり 子もり歌 スキーの歌 冬げしき	越天楽今様 おぼろ月夜 ふるさと われは海の子

2．歌唱共通教材の平易な伴奏方法(コード伴奏)

　コードとは、音楽のハーモニー(和音)をアルファベットで表記したもので、A~Gの7つから成ります。

　伴奏とは、西洋音楽において、メロディーに対しそれを支える副次的な演奏のことを指すもので、弾き歌いでは①左手のみ、②両手、2つの伴奏の方法があります。

　楽譜に書かれた音を全て正しく演奏することは、すでにピアノを学習した経験者でなければ難しいものです。そこで、コードを伴奏に用いることで、ピアノの初心者でも多くのレパートリーを持つことができます。

　コード伴奏はいくつかやり方がありますが、本書では次のような方法で演奏します。

コード伴奏の演奏の仕方

右手　メロディー(歌う部分、主旋律だけ) 左手　コードによる伴奏

　このように、右手は、歌いながら、楽譜に書かれた音符通り演奏します。
左手は、コードによる伴奏(以下コード伴奏)を行います。コード伴奏には、次のような方法があります。自分で、演奏しやすい方法を選びましょう。

音の選び方(1)　コードのアルファベットの音、1音のみを弾く。

音名の読み替え

英語	C	D	E	F	G	A	B
イタリア語	Do	Re	Mi	Fa	Sol	Ra	Si
日本語	ハ	ニ	ホ	ヘ	ト	イ	ロ

弾き方の例)　「ＣＦＧＣ」であれば、「ド」「ファ」「ソ」「ド」の1音でコード伴奏する。

音の選び方(2)　3音から成る和音で弾く。

弾き方の例)　「ＣＦＧ」であれば、「C=ドミソ」「F=ドファラ」「G=シレソ」の和音でコード伴奏する。

なお、どの和音で弾くかは、各曲の楽譜の上に記載してあります。

注意)　この本では、曲によって、和音の音の組み合わせを変えています。調によって、和音の音の組み合わせを変化させた方が、響きにまとまりをもたせることができるからです。(その曲が何調なのかは、各段の最初の小節にある調号で判断できます。)

伴奏する際のリズムは、次の方法から弾きやすいもの選んで演奏しましょう。

コード伴奏する際のリズム(1)小節内は、伸ばしっぱなし

コード伴奏する際のリズム(2) 1拍ずつ弾く

コード伴奏する際のリズム(3)分散和音（３つの音を順々に）で弾く

前奏の付け方
　様々な方法がありますが、最も平易なのは、メロディーの最後の４小節(あるいは２小節)を演奏する方法です。

運指
　左手・右手ともに、どの指で弾くかが毎回変わらないよう、同じ運指で演奏するように心がけます。楽譜に指番号を振ると、運指の手がかりとなります。

指番号
　親指から順に、小指へ向けて１、２、３…となっています。

左手					右手				
5	4	3	2	1	1	2	3	4	5
小指	薬指	中指	人差し指	親指	親指	人差し指	中指	薬指	小指

　指番号が書いていない楽譜でも、自分で指番号を振る経験を重ねることで、徐々にどの指で弾くと弾きやすいかがわかるようになってきます。
　自分で指番号を振るときのコツは、
・フレーズの始まりと終わりをみつける
・フレーズの一番高い音を「左手１、右手５」、一番低い音を「左手５、右手１」となるように配置する。
・フレーズ内の他の音は、残りの指を使う方法を考える。
・フレーズ内で指番号を振っていき、５本で指が足りなくなった時は、「指くぐり」（親指を手の甲の下へ回す)や「指またぎ」（人差し指・中指で、親指の上をまたぐ）をする。

うみ

作詞　林柳波
作曲　井上武士

かたつむり

文部省唱歌

日のまる

作詞　高野辰之
作曲　岡野貞一

ひらいたひらいた

左手は上の和音を
繰り返す
わらべうた

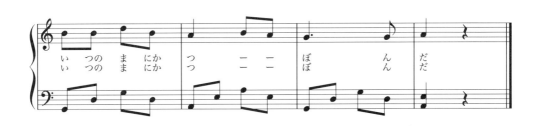

かくれんぼ

左手は上の和音を
繰り返す

作詞　林柳波
作曲　下総皖一

春がきた

作詞　高野辰之
作曲　岡野貞一

虫のこえ

文部省唱歌

夕やけこやけ

作詞　中村雨紅
作曲　草川信

うさぎ

日本古謡

注：我が国で古くから謡われてきたうたは、
コード伴奏がなじまないものもあります。
楽譜の伴奏に挑戦してみましょう。

茶つみ

文部省唱歌

春の小川

作詞　高野辰之
作曲　岡野貞一

ふじ山

作詞　巌谷小波
文部省唱歌

さくらさくら

日本古謡

注：我が国で古くから謡われてきたうたは、
コード伴奏がなじまないものもあります。
楽譜の伴奏に挑戦してみましょう。

まきばの朝

文部省唱歌

まきばの朝

とんび

作詞　葛原しげる
作曲　梁田貞

もみじ

作詞　高野辰之
作曲　岡野貞一

こいのぼり

文部省唱歌

子もり歌

律音階

都節音階

注：我が国で古くから謡われてきたうたは、
コード伴奏がなじまないものもあります。
楽譜の伴奏に挑戦してみましょう。

スキーの歌

作詞　林柳波
作曲　橋本国彦

冬げしき

文部省唱歌

越天楽今様

日本古謡

おぼろ月夜

作詞　高野辰之
作曲　岡野貞一

ふるさと

作詞　高野辰之
作曲　岡野貞一

われは海の子

文部省唱歌

君が代

作曲　林広守
古歌

小学校音楽科学習指導要領

小学校学習指導要領 第2章 第6節 音楽

第1 目標

表現及び鑑賞の活動を通して，音楽的な見方・考え方を働かせ，生活や社会の中の音や音楽と豊かに関わる資質・能力を次のとおり育成することを目指す。

(1) 曲想と音楽の構造などとの関わりについて理解するとともに，表したい音楽表現をするために必要な技能を身に付けるようにする。

(2) 音楽表現を工夫することや，音楽を味わって聴くことができるようにする。

(3) 音楽活動の楽しさを体験することを通して，音楽を愛好する心情と音楽に対する感性を育むとともに，音楽に親しむ態度を養い，豊かな情操を培う。

第2 各学年の目標及び内容

〔第1学年及び第2学年〕

1 目 標

(1) 曲想と音楽の構造などとの関わりについて気付くとともに，音楽表現を楽しむために必要な歌唱，器楽，音楽づくりの技能を身に付けるようにする。

(2) 音楽表現を考えて表現に対する思いをもつことや，曲や演奏の楽しさを見いだしながら音楽を味わって聴くことができるようにする。

(3) 楽しく音楽に関わり，協働して音楽活動をする楽しさを感じながら，身の回りの様々な音楽に親しむとともに，音楽経験を生かして生活を明るく潤いのあるものにしようとする態度を養う。

2 内 容

A 表 現

(1) 歌唱の活動を通して，次の事項を身に付けることができるよう指導する。

　ア 歌唱表現についての知識や技能を得たり生かしたりしながら，曲想を感じ取って表現を工夫し，どのように歌うかについて思いをもつこと。

　イ 曲想と音楽の構造との関わり，曲想と歌詞の表す情景や気持ちとの関わりについて気付くこと。

　ウ 思いに合った表現をするために必要な次の（ア）から（ウ）までの技能を身に付けること。

　　（ア）範唱を聴いて歌ったり，階名で模唱したり暗唱したりする技能

　　（イ）自分の歌声及び発音に気を付けて歌う技能

　　（ウ）互いの歌声や伴奏を聴いて，声を合わせて歌う技能

(2) 器楽の活動を通して，次の事項を身に付けることができるよう指導する。

　ア　器楽表現についての知識や技能を得たり生かしたりしながら，曲想を感じ取って表現を工夫し，どのように演奏するかについて思いをもつこと。

　イ　次の（ア）及び（イ）について気付くこと。

　　（ア）曲想と音楽の構造との関わり

　　（イ）楽器の音色と演奏の仕方との関わり

　ウ　思いに合った表現をするために必要な次の（ア）から（ウ）までの技能を身に付けること。

　　（ア）範奏を聴いたり，リズム譜などを見たりして演奏する技能

　　（イ）音色に気を付けて，旋律楽器及び打楽器を演奏する技能

　　（ウ）互いの楽器の音や伴奏を聴いて，音を合わせて演奏する技能

(3) 音楽づくりの活動を通して，次の事項を身に付けることができるよう指導する。

　ア　音楽づくりについての知識や技能を得たり生かしたりしながら，次の（ア）及び（イ）をできるようにすること。

　　（ア）音遊びを通して，音楽づくりの発想を得ること。

　　（イ）どのように音を音楽にしていくかについて思いをもつこと。

　イ　次の（ア）及び（イ）について，それらが生み出す面白さなどと関わらせて気付くこと。

　　（ア）声や身の回りの様々な音の特徴

　　（イ）音やフレーズのつなげ方の特徴

　ウ　発想を生かした表現や，思いに合った表現をするために必要な次の（ア）及び（イ）の技能を身に付けること。

　　（ア）設定した条件に基づいて，即興的に音を選んだりつなげたりして表現する技能

　　（イ）音楽の仕組みを用いて，簡単な音楽をつくる技能

B 鑑 賞

(1) 鑑賞の活動を通して，次の事項を身に付けることができるよう指導する。

　ア　鑑賞についての知識を得たり生かしたりしながら，曲や演奏の楽しさを見いだし，曲全体を味わって聴くこと。

　イ　曲想と音楽の構造との関わりについて気付くこと。

〔共通事項〕

(1) 「A 表現」及び「B 鑑賞」の指導を通して，次の事項を身に付けることができるよう指導する。

　ア　音楽を形づくっている要素を聴き取り，それらの働きが生み出すよさや面白さ，美しさを感じ取りながら，聴き取ったことと感じ取ったこととの関わりについて考える

こと。
イ 音楽を形づくっている要素及びそれらに関わる身近な音符，休符，記号や用語について，音楽における働と関わらせて理解すること。

3 内容の取扱い
(1) 歌唱教材は次に示すものを取り扱う。
　ア 主となる歌唱教材については，各学年ともイの共通教材を含めて，斉唱及び輪唱で歌う曲
　イ 共通教材
　〔第1学年〕
　「うみ」　　　　　　　（文部省唱歌）林柳波作詞　井上武士作曲
　「かたつむり」　　　　（文部省唱歌）
　「日のまる」　　　　　（文部省唱歌）高野辰之作詞　岡野貞一作曲
　「ひらいたひらいた」　（わらべうた）
　〔第2学年〕
　「かくれんぼ」　　　　（文部省唱歌）林柳波作詞　下総皖一作曲
　「春がきた」　　　　　（文部省唱歌）高野辰之作詞　岡野貞一作曲
　「虫のこえ」　　　　　（文部省唱歌）
　「夕やけこやけ」　　　中村雨紅作詞　草川信作曲

(2) 主となる器楽教材については，既習の歌唱教材を含め，主旋律に簡単なリズム伴奏や低声部などを加えた曲を取り扱う。
(3) 鑑賞教材は次に示すものを取り扱う。
　ア 我が国及び諸外国のわらべうたや遊びうた，行進曲や踊りの音楽など体を動かすことの快さを感じ取りやすい音楽，日常の生活に関連して情景を思い浮かべやすい音楽など，いろいろな種類の曲
　イ 音楽を形づくっている要素の働きを感じ取りやすく，親しみやすい曲
　ウ 楽器の音色や人の声の特徴を捉えやすく親しみやすい，いろいろな演奏形態による曲

〔第3学年及び第4学年〕
1 目 標
(1) 曲想と音楽の構造などとの関わりについて気付くとともに，表したい音楽表現をするために 必要な歌唱，器楽，音楽づくりの技能を身に付けるようにする。
(2) 音楽表現を考えて表現に対する思いや意図をもつことや，曲や演奏のよさなどを見いだしながら音楽を味わって聴くことができるようにする。

(3) 進んで音楽に関わり，協働して音楽活動をする楽しさを感じながら，様々な音楽に親しむとともに，音楽経験を生かして生活を明るく潤いのあるものにしようとする態度を養う。

2 内 容
A 表 現
(1) 歌唱の活動を通して，次の事項を身に付けることができるよう指導する。
　ア 歌唱表現についての知識や技能を得たり生かしたりしながら，曲の特徴を捉えた表現を工夫し，どのように歌うかについて思いや意図をもつこと。
　イ 曲想と音楽の構造や歌詞の内容との関わりについて気付くこと。
　ウ 思いや意図に合った表現をするために必要な次の（ア）から（ウ）までの技能を身に付けること。
　　（ア）範唱を聴いたり，ハ長調の楽譜を見たりして歌う技能
　　（イ）呼吸及び発音の仕方に気を付けて，自然で無理のない歌い方で歌う技能
　　（ウ）互いの歌声や副次的な旋律，伴奏を聴いて，声を合わせて歌う技能
(2) 器楽の活動を通して，次の事項を身に付けることができるよう指導する。
　ア 器楽表現についての知識や技能を得たり生かしたりしながら，曲の特徴を捉えた表現を工夫し，どのように演奏するかについて思いや意図をもつこと。
　イ 次の（ア）及び（イ）について気付くこと。
　　（ア）曲想と音楽の構造との関わり
　　（イ）楽器の音色や響きと演奏の仕方との関わり
　ウ 思いや意図に合った表現をするために必要な次の（ア）から（ウ）までの技能を身に付けること。
　　（ア）範奏を聴いたり，ハ長調の楽譜を見たりして演奏する技能
　　（イ）音色や響きに気を付けて，旋律楽器及び打楽器を演奏する技能
　　（ウ）互いの楽器の音や副次的な旋律，伴奏を聴いて，音を合わせて演奏する技能
(3) 音楽づくりの活動を通して，次の事項を身に付けることができるよう指導する。
　ア 音楽づくりについての知識や技能を得たり生かしたりしながら，次の（ア）及び（イ）をできるようにすること。
　　（ア）即興的に表現することを通して，音楽づくりの発想を得ること。
　　（イ）音を音楽へと構成することを通して，どのようにまとまりを意識した音楽をつくるかについて思いや意図をもつこと。
　イ 次の（ア）及び（イ）について，それらが生み出すよさや面白さなどと関わらせて気付くこと。
　　（ア）いろいろな音の響きやそれらの組合せの特徴
　　（イ）音やフレーズのつなげ方や重ね方の特徴

ウ 発想を生かした表現や，思いや意図に合った表現をするために必要な次の（ア）及び
（イ）の 技能を身に付けること。
　（ア）設定した条件に基づいて，即興的に音を選択したり組み合わせたりして表現する
　　技能
　（イ）音楽の仕組みを用いて，音楽をつくる技能

B 鑑 賞
(1) 鑑賞の活動を通して，次の事項を身に付けることができるよう指導する。
　ア 鑑賞についての知識を得たり生かしたりしながら，曲や演奏のよさなどを見いだ
　　し，曲全体を味わって聴くこと。
　イ 曲想及びその変化と，音楽の構造との関わりについて気付くこと。

〔共通事項〕
(1) 「A 表現」及び「B 鑑賞」の指導を通して，次の事項を身に付けることができるよう
　指導する。
　ア 音楽を形づくっている要素を聴き取り，それらの働きが生み出すよさや面白さ，美
　　しさを感じ取りながら，聴き取ったことと感じ取ったこととの関わりについて考える
　　こと。
　イ 音楽を形づくっている要素及びそれらに関わる音符，休符，記号や用語について，
　　音楽における働きと関わらせて理解すること。

3 内容の取扱い
(1) 歌唱教材は次に示すものを取り扱う。
　ア 主となる歌唱教材については，各学年ともイの共通教材を含めて，斉唱及び簡単な
　　合唱で歌う曲
　イ 共通教材
　〔第 3 学年〕
　「うさぎ」　　　　　　　（日本古謡）
　「茶つみ」　　　　　　　（文部省唱歌）
　「春の小川」　　　　　　（文部省唱歌）高野辰之作詞　岡野貞一作曲
　「ふじ山」　　　　　　　（文部省唱歌）巌谷小波作詞
　〔第 4 学年〕
　「さくらさくら」　　　　（日本古謡）
　「とんび」　　　　　　　葛原しげる作詞　梁田貞作曲
　「まきばの朝」　　　　　（文部省唱歌）船橋栄吉作曲
　「もみじ」　　　　　　　（文部省唱歌）高野辰之作詞　岡野貞一作曲

(2) 主となる器楽教材については，既習の歌唱教材を含め，簡単な重奏や合奏などの曲を取り扱う。

(3) 鑑賞教材は次に示すものを取り扱う。

　　ア　和楽器の音楽を含めた我が国の音楽，郷土の音楽，諸外国に伝わる民謡など生活との関わりを捉えやすい音楽，劇の音楽，人々に長く親しまれている音楽など，いろいろな種類の曲

　　イ　音楽を形づくっている要素の働きを感じ取りやすく，聴く楽しさを得やすい曲

　　ウ　楽器や人の声による演奏表現の違いを聴き取りやすい，独奏，重奏，独唱，重唱を含めたいろいろな演奏形態による曲

〔第5学年及び第6学年〕

1 目 標

(1) 曲想と音楽の構造などとの関わりについて理解するとともに，表したい音楽表現をするために必要な歌唱，器楽，音楽づくりの技能を身に付けるようにする。

(2) 音楽表現を考えて表現に対する思いや意図をもつことや，曲や演奏のよさなどを見いだしながら音楽を味わって聴くことができるようにする。

(3) 主体的に音楽に関わり，協働して音楽活動をする楽しさを味わいながら，様々な音楽に親しむとともに，音楽経験を生かして生活を明るく潤いのあるものにしようとする態度を養う。

2 内 容

A 表 現

(1) 歌唱の活動を通して，次の事項を身に付けることができるよう指導する。

　　ア　歌唱表現についての知識や技能を得たり生かしたりしながら，曲の特徴にふさわしい表現を工夫し，どのように歌うかについて思いや意図をもつこと。

　　イ　曲想と音楽の構造や歌詞の内容との関わりについて理解すること。

　　ウ　思いや意図に合った表現をするために必要な次の（ア）から（ウ）までの技能を身に付けること。

　　　（ア）範唱を聴いたり，ハ長調及びイ短調の楽譜を見たりして歌う技能

　　　（イ）呼吸及び発音の仕方に気を付けて，自然で無理のない，響きのある歌い方で歌う技能

　　　（ウ）各声部の歌声や全体の響き，伴奏を聴いて，声を合わせて歌う技能

(2) 器楽の活動を通して，次の事項を身に付けることができるよう指導する。

　　ア　器楽表現についての知識や技能を得たり生かしたりしながら，曲の特徴にふさわしい表現を工夫し，どのように演奏するかについて思いや意図をもつこと。

　　イ　次の(ア)及び(イ)について理解すること。

　　（ア）曲想と音楽の構造との関わり

　　（イ）多様な楽器の音色や響きと演奏の仕方との関わり

　ウ　思いや意図に合った表現をするために必要な次の（ア）から（ウ）までの技能を身に
　　付けること。

　　（ア）範奏を聴いたり，ハ長調及びイ短調の楽譜を見たりして演奏する技能

　　（イ）音色や響きに気を付けて，旋律楽器及び打楽器を演奏する技能

　　（ウ）各声部の楽器の音や全体の響き，伴奏を聴いて，音を合わせて演奏する技能

（3）音楽づくりの活動を通して，次の事項を身に付けることができるよう指導する。

　ア　音楽づくりについての知識や技能を得たり生かしたりしながら，次の（ア）及び
　（イ）をできるようにすること。

　　（ア）即興的に表現することを通して，音楽づくりの様々な発想を得ること。

　　（イ）音を音楽へと構成することを通して，どのように全体のまとまりを意識した音楽
　　　をつくるかについて思いや意図をもつこと。

　イ　次の（ア）及び（イ）について，それらが生み出すよさや面白さなどと関わらせて理解
　　すること。

　　（ア）いろいろな音の響きやそれらの組合せの特徴

　　（イ）音やフレーズのつなげ方や重ね方の特徴

　ウ　発想を生かした表現や，思いや意図に合った表現をするために必要な次の（ア）及
　　び（イ）の技能を身に付けること。

　　（ア）設定した条件に基づいて，即興的に音を選択したり組み合わせたりして表現する
　　　技能

　　（イ）音楽の仕組みを用いて，音楽をつくる技能

B　鑑　賞

（1）鑑賞の活動を通して，次の事項を身に付けることができるよう指導する。

　ア　鑑賞についての知識を得たり生かしたりしながら，曲や演奏のよさなどを見いだ
　　し，曲全体を味わって聴くこと。

　イ　曲想及びその変化と，音楽の構造との関わりについて理解すること。

〔共通事項〕

（1）「A表現」及び「B鑑賞」の指導を通して，次の事項を身に付けることができるよう
　　指導する。

　ア　音楽を形づくっている要素を聴き取り，それらの働きが生み出すよさや面白さ，美
　　しさを感じ取りながら，聴き取ったことと感じ取ったこととの関わりについて考える
　　こと。

　イ　音楽を形づくっている要素及びそれらに関わる音符，休符，記号や用語について，

音楽における働きと関わらせて理解すること。

3 内容の取扱い

(1) 歌唱教材は次に示すものを取り扱う。

　ア 主となる歌唱教材については，各学年ともイの共通教材の中の3曲を含めて，斉唱
　　　及び合唱で歌う曲

　イ 共通教材

〔第5学年〕

「こいのぼり」　　　　　（文部省唱歌）

「子もり歌」　　　　　　（日本古謡）

「スキーの歌」　　　　　（文部省唱歌）林柳波作詞　橋本国彦作曲

「冬げしき」　　　　　　（文部省唱歌）

〔第6学年〕

「越天楽今様(歌詞は第2節まで)」（日本古謡)慈鎮和尚作歌

「おぼろ月夜」　　　　　（文部省唱歌）高野辰之作詞　岡野貞一作曲

「ふるさと」　　　　　　（文部省唱歌）高野辰之作詞　岡野貞一作曲

「われは海の子(歌詞は第3節まで)」(文部省唱歌)

(2) 主となる器楽教材については，楽器の演奏効果を考慮し，簡単な重奏や合奏などの曲
　　を取り扱う。

(3) 鑑賞教材は次に示すものを取り扱う。

　ア 和楽器の音楽を含めた我が国の音楽や諸外国の音楽など文化との関わりを捉えやす
　　　い音楽，人々に長く親しまれている音楽など，いろいろな種類の曲

　イ 音楽を形づくっている要素の働きを感じ取りやすく，聴く喜びを深めやすい曲

　ウ 楽器の音や人の声が重なり合う響きを味わうことができる，合奏，合唱を含めたい
　　　ろいろな演奏形態による曲

第3 指導計画の作成と内容の取扱い

1 指導計画の作成に当たっては，次の事項に配慮するものとする。

(1) 題材など内容や時間のまとまりを見通して，その中で育む資質・能力の育成に向け
　　て，児童の主体的・対話的で深い学びの実現を図るようにすること。その際，音楽的な
　　見方・考え方を働かせ，他者と協働しながら，音楽表現を生み出したり音楽を聴いてそ
　　のよさなどを見いたしたりするなど，思考，判断し，表現する一連の過程を大切にした
　　学習の充実を図ること。

(2) 第2の各学年の内容の「A表現」の（1），（2）及び（3）の指導については，ア，イ及
　　びウの各 事項を，「B鑑賞」の（1）の指導については，ア及びイの各事項を適切に関
　　連させて指導すること。

(3) 第2の各学年の内容の〔共通事項〕は，表現及び鑑賞の学習において共通に必要となる資質・能力であり，「A表現」及び「B鑑賞」の指導と併せて，十分な指導が行われるよう工夫すること。

(4) 第2の各学年の内容の「A表現」の（1），（2）及び（3）並びに「B鑑賞」の（1）の指導については，適宜，〔共通事項〕を要として各領域や分野の関連を図るようにすること。

(5) 国歌「君が代」は，いずれの学年においても歌えるよう指導すること。

(6) 低学年においては，第1章総則の第2の4の（1）を踏まえ，他教科等との関連を積極的に図り，指導の効果を高めるようにするとともに，幼稚園教育要領等に示す幼児期の終わりまでに育ってほしい姿との関連を考慮すること。特に，小学校入学当初においては，生活科を中心とした合科的・関連的な指導や，弾力的な時間割の設定を行うなどの工夫をすること。

(7) 障害のある児童などについては，学習活動を行う場合に生じる困難さに応じた指導内容や指導方法の工夫を計画的，組織的に行うこと。

(8) 第1章総則の第1の2の（2）に示す道徳教育の目標に基づき，道徳科などとの関連を考慮しながら，第3章特別の教科道徳の第2に示す内容について，音楽科の特質に応じて適切な指導をすること。

2 第2の内容の取扱いについては，次の事項に配慮するものとする。
(1) 各学年の「A表現」及び「B鑑賞」の指導に当たっては，次のとおり取り扱うこと。
　ア 音楽によって喚起されたイメージや感情，音楽表現に対する思いや意図，音楽を聴いて感じ取ったことや想像したことなどを伝え合い共感するなど，音や音楽及び言葉によるコミュニケーションを図り，音楽科の特質に応じた言語活動を適切に位置付けられるよう指導を工夫すること。
　イ 音楽との一体感を味わい，想像力を働かせて音楽と関わることができるよう，指導のねらいに即して体を動かす活動を取り入れること。
　ウ 児童が様々な感覚を働かせて音楽への理解を深めたり，主体的に学習に取り組んだりすることができるようにするため，コンピュータや教育機器を効果的に活用できるよう指導を工夫すること。
　エ 児童が学校内及び公共施設などの学校外における音楽活動とのつながりを意識できるようにするなど，児童や学校，地域の実態に応じ，生活や社会の中の音や音楽と主体的に関わっていくことができるよう配慮すること。
　オ 表現したり鑑賞したりする多くの曲について，それらを創作した著作者がいることに気付き，学習した曲や自分たちのつくった曲を大切にする態度を養うようにするとともに，それらの著作者の創造性を尊重する意識をもてるようにすること。また，このことが，音楽文化の継承，発展，創造を支えていることについて理解する素地とな

るよう配慮すること。

(2) 和音の指導に当たっては，合唱や合奏などの活動を通して和音のもつ表情を感じ取ることができるようにすること。また，長調及び短調の曲においては，I，IV，V及びV7などの和音を中心に指導すること。

(3) 我が国や郷土の音楽の指導に当たっては，そのよさなどを感じ取って表現したり鑑賞したりできるよう，音源や楽譜等の示し方，伴奏の仕方，曲に合った歌い方や楽器の演奏の仕方などの指導方法を工夫すること。

(4) 各学年の「A表現」の(1)の歌唱の指導に当たっては，次のとおり取り扱うこと。

　ア　歌唱教材については，我が国や郷土の音楽に愛着がもてるよう，共通教材のほか，長い間親しまれてきた唱歌，それぞれの地方に伝承されているわらべうたや民謡など日本のうたを 含めて取り上げるようにすること。

　イ　相対的な音程感覚を育てるために，適宜，移動ド唱法を用いること。

　ウ　変声以前から自分の声の特徴に関心をもたせるとともに，変声期の児童に対して適切に配慮すること。

(5) 各学年の「A表現」の(2)の楽器については，次のとおり取り扱うこと。

　ア　各学年で取り上げる打楽器は，木琴，鉄琴，和楽器，諸外国に伝わる様々な楽器を含めて，演奏の効果，児童や学校の実態を考慮して選択すること。

　イ　第1学年及び第2学年で取り上げる旋律楽器は，オルガン，鍵盤ハーモニカなどの中から児童や学校の実態を考慮して選択すること。

　ウ　第3学年及び第4学年で取り上げる旋律楽器は，既習の楽器を含めて，リコーダーや鍵盤楽器，和楽器などの中から児童や学校の実態を考慮して選択すること。

　エ　第5学年及び第6学年で取り上げる旋律楽器は，既習の楽器を含めて，電子楽器，和楽器，諸外国に伝わる楽器などの中から児童や学校の実態を考慮して選択すること。

　オ　合奏で扱う楽器については，各声部の役割を生かした演奏ができるよう，楽器の特性を生かして選択すること。

(6) 各学年の「A表現」の(3)の音楽づくりの指導に当たっては，次のとおり取り扱うこと。

　ア　音遊びや即興的な表現では，身近なものから多様な音を探したり，リズムや旋律を模倣したりして，音楽づくりのための発想を得ることができるよう指導すること。その際，適切な条件を設定するなど，児童が無理なく音を選択したり組み合わせたりすることができるよう指導を工夫すること。

　イ　どのような音楽を，どのようにしてつくるかなどについて，児童の実態に応じて具体的な例を示しながら指導するなど，見通しをもって音楽づくりの活動ができるよう指導を工夫すること。

　ウ　つくった音楽については，指導のねらいに即し，必要に応じて作品を記録させるこ

と。作品を記録する方法については，図や絵によるもの，五線譜など柔軟に指導すること。

　エ　拍のないリズム，我が国の音楽に使われている音階や調性にとらわれない音階などを児童の実態に応じて取り上げるようにすること。

(7) 各学年の「B鑑賞」の指導に当たっては，言葉などで表す活動を取り入れ，曲想と音楽の構造との関わりについて気付いたり理解したり，曲や演奏の楽しさやよさなどを見いだしたりすることができるよう指導を工夫すること。

(8) 各学年の〔共通事項〕に示す「音楽を形づくっている要素」については，児童の発達の段階や指導のねらいに応じて，次のア及びイから適切に選択したり関連付けたりして指導すること。

　ア　音楽を特徴付けている要素

　　音色，リズム，速度，旋律，強弱，音の重なり，和音の響き，音階，調，拍，フレーズなど

　イ　音楽の仕組み

　　反復，呼びかけとこたえ，変化，音楽の縦と横との関係など

(9) 各学年の〔共通事項〕の(1)のイに示す「音符，休符，記号や用語」については，児童の学習状況を考慮して，次に示すものを音楽における働きと関わらせて理解し，活用できるよう取り扱うこと。

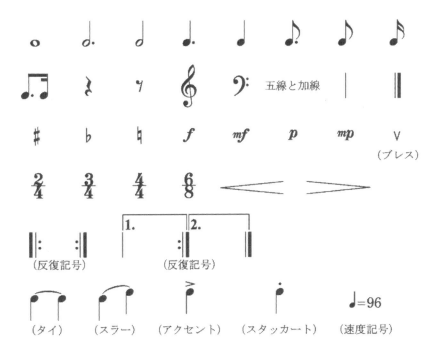

引用・参考文献

初等科音楽教育研究会(編)(2020)『改訂版　最新初等科音楽教育法』音楽之友社

笹野恵理子(編)(2018)『MINERVA　はじめて学ぶ教科教育　初等音楽科教育』ミネルヴァ書房

クリストファー・スモール(2011)野澤豊一・西島千尋(訳)『ミュージッキング』水声社

有元典文(2001)「社会的達成としての学習」上野直樹(編)『状況のインターフェース』金子書房,
　　pp.84-102.

福井昭史(2020)『よくわかる日本音楽基礎講座　雅楽から民謡まで　増補・改訂版』音楽之友社

田中健次(2018)『図解　日本音楽史　増補改訂版』東京堂出版

深見友紀子・小梨貴弘(2019)『音楽科教育とICT』音楽之友社

西島千尋(2010)『クラシック音楽は、なぜ〈鑑賞〉されるのか』新曜社

島崎篤子・加藤富美子(2013)『授業のための　日本の音楽・世界の音楽　世界の音楽編』音楽之友
　　社

福井昭史(2020)『よくわかる日本音楽基礎講座』音楽之友社

著者プロフィール

木下　和彦

1986 年広島県生まれ。東京学芸大学大学院連合学校教育学研究科博士課程修了。博士(教育学)。八戸学院短期大学を経て、現在淑徳大学総合福祉学部准教授。専門は音楽教育学。ポピュラー音楽や現代音楽に基づいた音楽づくり・創作活動のための教材開発を、学校現場の先生方と共同で研究している。

初等音楽科教育法

2021 年 3 月 31 日　初版発行

著　　者　　木下　和彦

発　　行　　ふくろう出版
　　　　　　〒700-0035　岡山市北区高柳西町 1-23
　　　　　　　　　　　　友野印刷ビル
　　　　　　TEL：086-255-2181
　　　　　　FAX：086-255-6324
　　　　　　http://www.296.jp
　　　　　　e-mail：info@296.jp
　　　　　　振替　01310-8-95147

印刷・製本　　友野印刷株式会社
ISBN978-4-86186-812-2 C3073 ©KINOSHITA Kazuhiko 2021
JASRAC 出 2102894-101
定価は表紙に表示してあります。乱丁・落丁はお取り替えいたします。